KATAPULT-Buchladen von außen

Schlange beim Zeitungverteilen in Leipzig

Eröffnung KATAPULT-Buchladen Chemnitz

Stand Abos

KATAPULT Sachsen

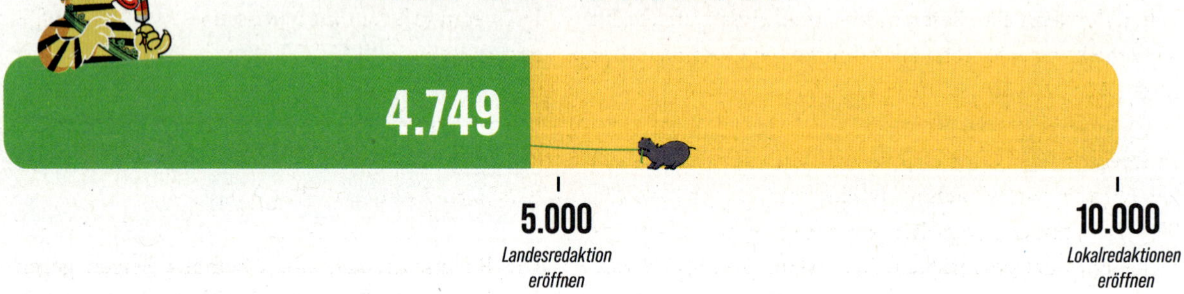

KATAPULT Thüringen

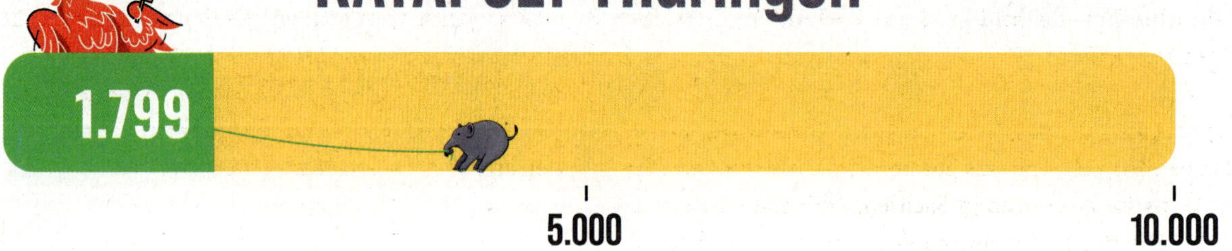

KATAPULT Brandenburg

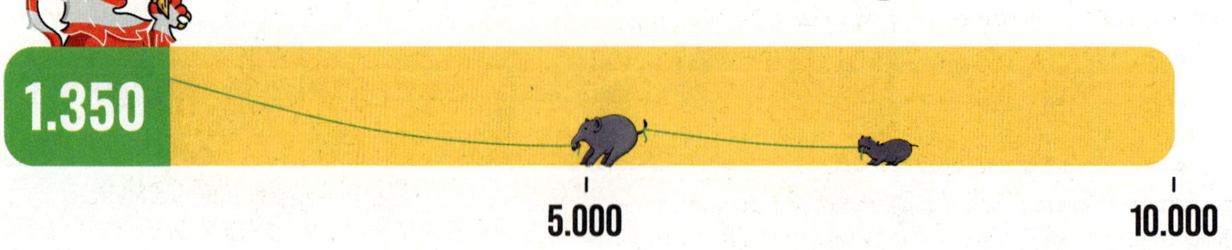

Chemnitz

Beim Verteilen der demokratischen Zeitungen habe ich mich gefragt: Ist es eventuell schon zu spät? Die Rechtsextremen werden immer stärker. Bringt das alles überhaupt noch was? Dann sagte mir eine Frau in Altenburg: „Wenn die Nazis noch mal an die Macht kommen, werde ich nicht diejenige sein, die nichts unternommen hat." Der Satz funktioniert ganz gut, denke ich.

In Gera sagt mir eine weitere Person genau den gleichen Satz. In Jena dann noch mal. Und in Zwickau auch. Woher haben die denn alle diesen motivierenden Satz, denke ich so in mich rein. Der tötet alle bremsenden Gedanken. Der räumt Zweifel nüchtern beiseite.

In Dresden fiel es mir dann wieder ein: Der Satz kommt ja wohl von mir! Manchmal bin ich echt ein vergesslicher Typ. Ich habe aus Versehen einen richtig guten Satz ins letzte Editorial geschrieben. Eure Mails sind voll damit, die Leute sprechen mich damit an; in Erfurt, Spremberg, Cottbus, Luckenwalde, Potsdam, Freiberg, Bautzen, Görlitz, Eisenach, Suhl, Chemnitz, Sonneberg, Weimar, Erfurt, Zwickau, Plauen, Leipzig, Königs Wusterhausen, Fürstenwalde, Frankfurt, Bernau, Oranienburg und auch in Brandenburg an der Havel. Egal, wie oft ich diesen Satz wieder vergesse, überall wird er mir erneut entgegengeschleudert. Wir schreiben ihn bald groß ans KATAPULT-Gebäude. Das ist unser Satz.

Ich möchte mich hier mit aller Herzlichkeit bei euch bedanken. Ihr habt mit uns zusammen hunderttausend demokratische Zeitungen in Sachsen, Thüringen und Brandenburg verteilt – mit einem Engagement, das ich nicht für möglich gehalten habe. Ihr seid wichtig, ihr seid entscheidend. Ohne Leute wie euch gäbe es keine Demokratie.

Die Rechtsextremen werden vielleicht stärker, aber die demokratischen Kräfte haben immer die Chance, das Undemokratische zu übertrumpfen. In Thüringen ist die AfD stärkste Kraft geworden. In Sachsen und Brandenburg ist sie mit diesem Ziel gescheitert. FDP, Grüne und Linke sind aus einigen Parlamenten ausgeschieden. Die junge ostdeutsche Demokratie war noch nie so demoliert.

Deshalb gründen wir nun wirklich die Redaktionen in Sachsen, Thüringen und Brandenburg. Weitermachen ist die einzige Option. Eine Landesredaktion braucht mindestens 5.000 Abos, um zu existieren. Ihr seht es links schon. In Sachsen fehlen nur noch wenige Abos, in Thüringen und Brandenburg fehlen noch ein paar mehr. Im kommenden Frühjahr soll es losgehen. Bis dahin könnt ihr hier die Abos vollmachen. Sagts euren Bekannten, Verwandten und Freunden:

katapult-sachsen.de
katapult-thueringen.de
katapult-brandenburg.de

In Chemnitz haben wir bereits eine erste Basis aufgeschlagen. Es ist ein KATAPULT-Buchladen, in dem später auch unsere Redaktion recherchieren soll. Wir sind hier zufällig in ein Problemviertel gezogen. Sonnenberg. Viele Drogenabhängige, verwahrloste Kinder, die wie Straßenkinder wirken, und verdreckte Straßen.

Die Rechtsextremen von Chemnitz hetzen gegen eine Minderheit, die für all diese Probleme des Viertels verantwortlich gemacht wird. Also sammeln wir regelmäßig Müll – zusammen mit der Minderheit! Wir suchen Betreuung für die Kinder und vor allem: Wir fangen an zu recherchieren und brechen die rassistische Erzählung!

Weitermachen ist die einzige Option. Im Großen, und auch im kleinen Sonnenberg. Deshalb möchte ich hier einen Satz zitieren, den ich so noch nie gehört habe. Eine weise Frau aus Altenburg sagte mir letztens: „Wenn die Nazis noch mal an die Macht kommen, werde ich nicht diejenige sein, die nichts unternommen hat."

BENJAMIN FREDRICH
HERAUSGEBER

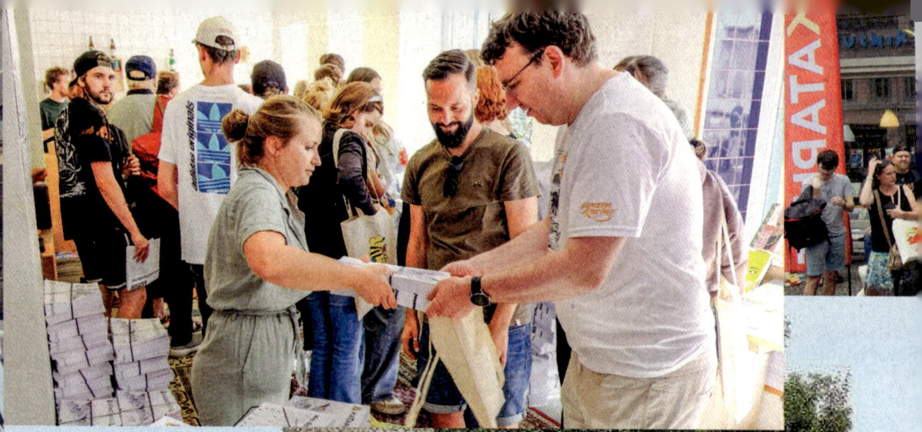

HGW SN 83

KATA

KATAPULT

TRANS

Mitarbeitende
33

Männerquote
57,8 %

Anzahl Menschen im KATAPULT-Geflüchtetenheim
15

Wie lange es dauert, diese zwei Seiten zu layouten
4 Stunden

Anzahl der Kästen auf der Transparenzseite
22

Wie viele Exemplare dieses Magazins gedruckt wurden
90.000

Ausländerquote
24,2 %

Nationalitäten
Italien, USA, Ukraine, Türkei, Österreich, Niederlande, Deutschland

Anzahl „lustiger“ Layouter, die eine Box auf den Kopf stellen
1

Wie viele das lustig finden
1

Anzahl der Städte, in denen wir KATAPULT Brandenburg, Sachsen Thüringen verteilt haben
32

Produzierte Bücher 2024
7

Anzahl Bücher, die wir mit Correctiv erstellt haben
1

Ist der Buchverlag wieder stabil?
Ja

Anzahl KATAPULT-Läden
1

Anfänglicher täglicher Umsatz KATAPULT-Buchhandlung Chemnitz
120 €

Derzeitiger täglicher Umsatz KATAPULT-Buchhandlung Chemnitz
325 €

Benötigter täglicher Umsatz KATAPULT-Buchhandlung Chemnitz
400 €

PARENZ

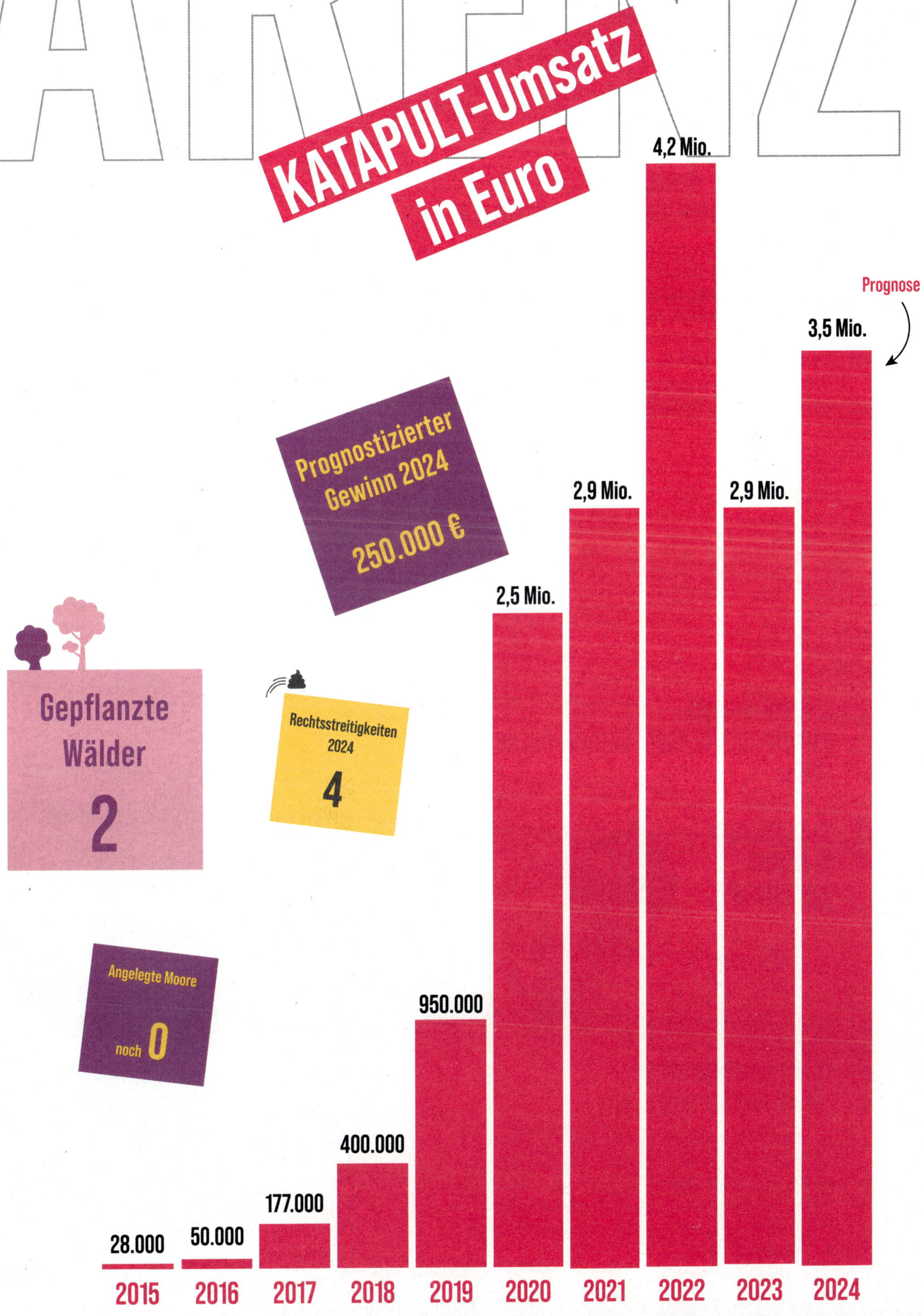

KATAPULT-Umsatz in Euro
28.000
50.000
177.000
400.000
950.000
2,5 Mio.
2,9 Mio.
4,2 Mio.
2,9 Mio.
3,5 Mio.
Prognose
2015
2016
2017
2018
2019
2020
2021
2022
2023
2024
Prognostizierter Gewinn 2024
250.000 €
Gepflanzte Wälder
2
Rechtsstreitigkeiten 2024
4
Angelegte Moore
noch 0

INHALT

In Österreich arbeiten 99 Prozent der Feuerwehrleute ehrenamtlich, in Liechtenstein gibt es keinen einzigen Berufsfeuerwehrmann und in Polen trägt die freiwillige Feuerwehr einen anderen Helm als die hauptberufliche, macht aber die gleiche Arbeit. All das zeigt: In vielen Ländern verlässt sich die Gesellschaft auf freiwillige Helfer. Finden sich nicht genügend, steht das Gemeinwesen nicht nur vor finanziellen Problemen.

Wladimir Putin veröffentlichte 2017 das Buch Judo mit Wladimir Putin. Auf dem Cover steht Wladimir Putin. Er hat sich einen weißen Judogi angezogen und steckt seine Hände unter seinen schwarzen Gürtel: Er ist kampfbereit. Wirklich gekämpft hat er aber noch nicht. Jedenfalls nicht im Parlament.

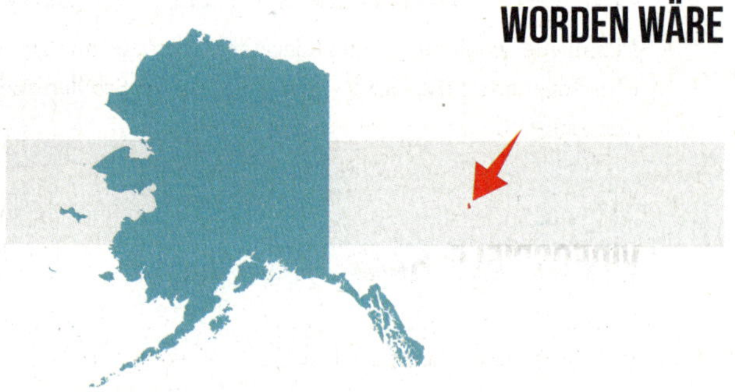

Wird künstliche Intelligenz von Menschen trainiert, die sich umweltfreundlich verhalten, trifft sie eher Entscheidungen zugunsten des Gemeinwohls.

Kippenelemente und
ab welcher Erwärmung
sie eintreten

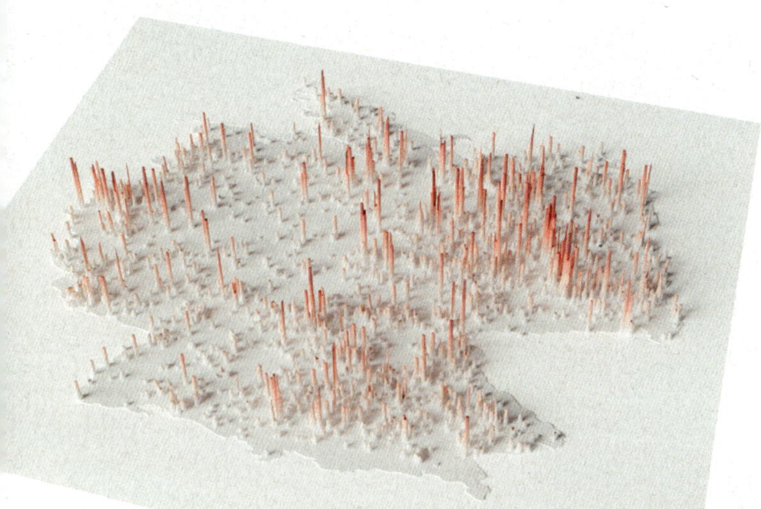

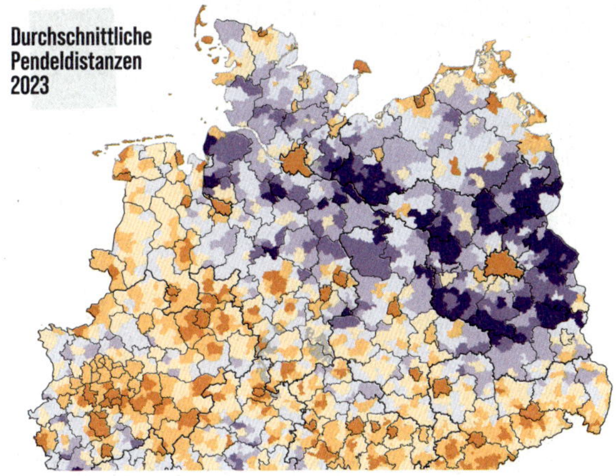
Durchschnittliche
Pendeldistanzen
2023

Größe
0,995 Saarländer
Republik
Saarland
1947

FRAGMENTE

Bisher wurden etwa 2,1 Millionen Arten beschrieben, davon sind ...
2022

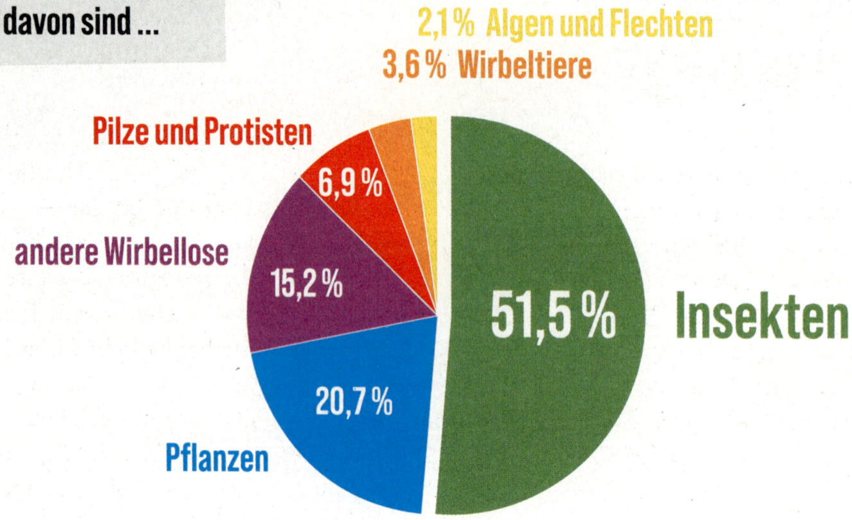

... und davon sind vom Aussterben bedroht:
ausgewählte Artengruppen in Prozent und Anzahl untersuchter Arten

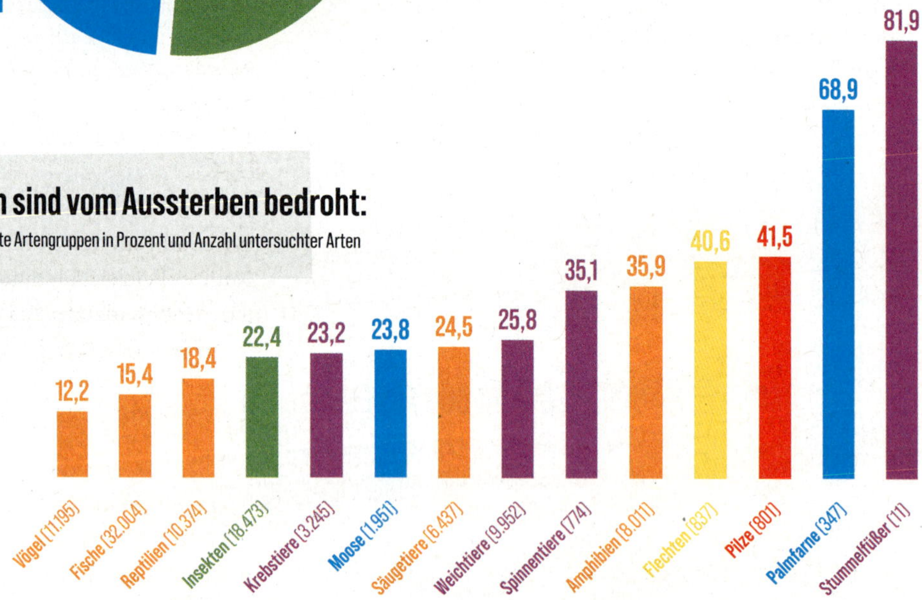

Hauptursachen des Insektenrückgangs
Anteil der Fachliteratur, die diese Ursachen nennt, in Prozent

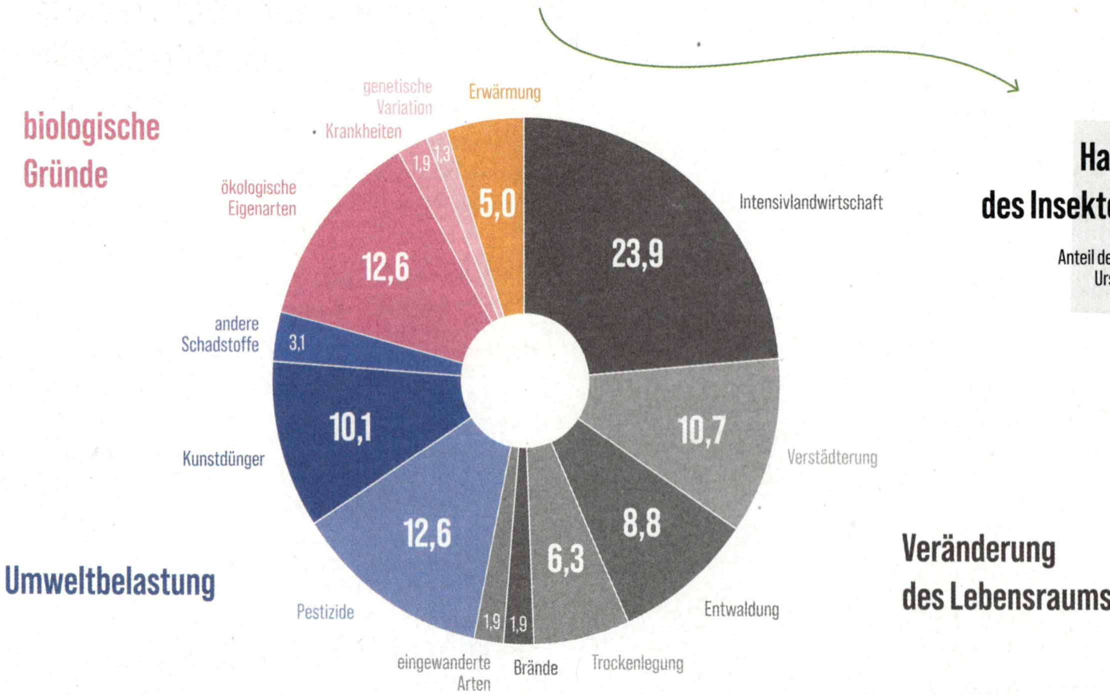

ARTENVIELFALT

Ist das Viech nützlich oder kann das weg?

Die Frage lässt sich nicht immer unmittelbar beantworten, wenn es um die Natur geht. Das ist auch ein entscheidender Grund, warum dem Menschen das Wohlergehen von Pflanzen- und Tierwelt wichtig ist oder wichtig sein sollte. Denn vielleicht rettet einmal ein winziges, unbedeutend erscheinendes Krabbeltier Millionen Menschenleben.

Ein Beispiel: Gerade hat ein hessisches Forschungsteam herausgefunden, dass das Gift des Bücherskorpions – eines gerade einmal 2,5 bis 4,5 Millimeter kleinen Spinnentiers – enorm wirkungsvoll gegen einen häufigen Krankenhauskeim ist. Eine bahnbrechende Entdeckung, denn Krankenhauskeime sind Bakterien, die gegen Antibiotika resistent sind. Jedes Jahr sterben weltweit rund 1,3 Millionen Menschen an solchen Keimen, weil Antibiotika bei ihnen nicht anschlagen.

Zwischenzeitlich in Vergessenheit geraten, ist der Bücherskorpion eigentlich schon lange als „Nützling“ bekannt: Er jagt unter anderem die für die Honigbiene tödliche Varroamilbe. Vielleicht war die Wiederentdeckung sein und damit unser Glück. Denn aktuell sind von den geschätzt 8,7 Millionen Tier- und Pflanzenarten weltweit ein bis zwei Millionen vom Aussterben bedroht. In den letzten 20 Jahren sank die Zahl der Arten um 27 Prozent, die Insektenpopulation hat sich in dieser Zeit halbiert.

Die eingangs gestellte Frage verliert vor diesem Hintergrund ihren provokanten Charakter. Zwar unterstellt sie, dass ein Lebewesen einen Zweck erfüllen muss, um lebenswert zu sein. Angesichts der gravierenden Umweltzerstörung und damit einhergehenden Kosten-Nutzen-Rechnungen von Leben scheint sie aber zumindest nicht ganz abwegig zu sein. Man muss also nicht einmal ein Naturfreund sein, um Artenvielfalt als wichtig zu erachten. Denn vielleicht schlummert in der nächsten ausgestorbenen „Motte“ oder dem nächsten ausgerotteten „Schädling“ das Heilmittel gegen Demenz oder Krebs.

Länder, in denen der Bücherskorpion nachgewiesen wurde

etwa 1.600 Einzelnachweise

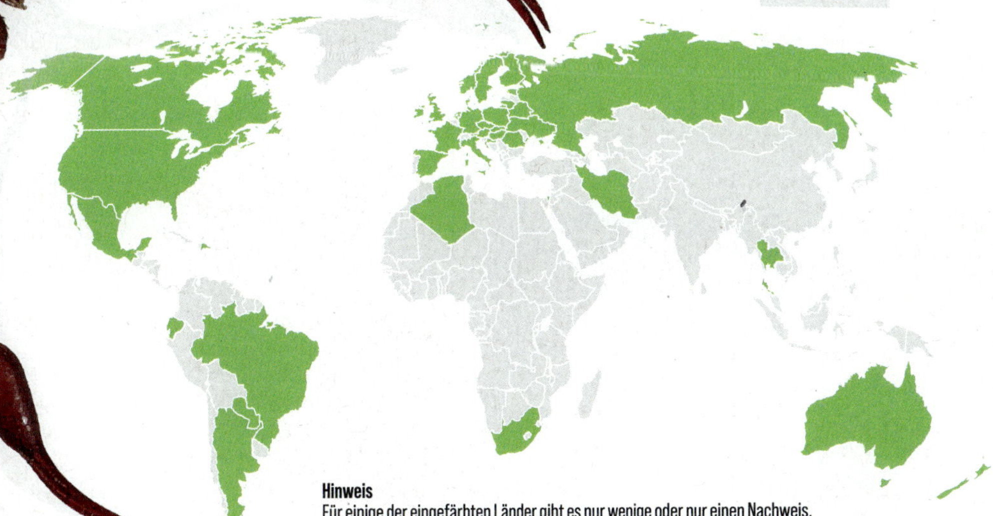

Hinweis
Für einige der eingefärbten Länder gibt es nur wenige oder nur einen Nachweis. Insofern lassen sich nur begrenzt Rückschlüsse über die tatsächliche Verbreitung ziehen

INNOVATION

Ukrainisches Start-up macht aus Herbstlaub Papier

Nicht erst die Papierknappheit infolge des russischen Angriffskrieges hat gezeigt, wie hoch der Bedarf an dem Rohstoff trotz fortschreitender Digitalisierung noch immer ist. Dazu tragen auch der Onlinehandel und die Umstellung von Plastik auf Pappe bei. Erschwerend kommt hinzu, dass solchen Pappalternativen immer wieder sogenannte nassfeste Materialien beigemischt werden. Die machen das Recyceln unmöglich.

In dieser Gemengelage ist nun ein ukrainisches Start-up auf den Plan getreten. 2021 in Kyjiw gegründet, stellt *Releaf Paper* bereits heute Papier aus dem Laub heimischer Bäume her. Aus 5.000 Tonnen Blättern werden drei Millionen Papiertüten pro Jahr. Das Verfahren benötigt wenig Wasser und keinen Schwefel oder Chlor. Übrig bleibt Lignin, der holzige Teil des Blattes, der als Dünger verwendet werden kann. Ein weiterer Vorteil: Ein Teil des biologischen Abfalls in Städten wird verwertet und muss nicht etwa verbrannt werden. Mittlerweile sitzt die Firma in Paris, produziert wird aber auch in der Ukraine.

Weltweite Produktion von grafischen Papieren und anderen Papieren und Pappen

Vor 1990 war Nordamerika führend in der Herstellung von Verpackungspapier, doch inzwischen hat Asien die höchsten Produktionsmengen. Mit steigendem Bildungsniveau und Wohlstand wächst der Papier- und Zellstoffverbrauch für Bücher, Hygieneartikel und Versandkartons. Der Boom des Onlineversandhandels seit etwa 2010, verstärkt durch die Corona-Lockdowns, hat die Nachfrage nach Karton stark erhöht, was zu einem Wachstum der Produktionskapazität und zu neuen Investitionen in die Zellstoff- und Papierindustrie führte. Gleichzeitig nahm die Nachfrage nach klassischen Schreib- und Druckerpapieren ab.

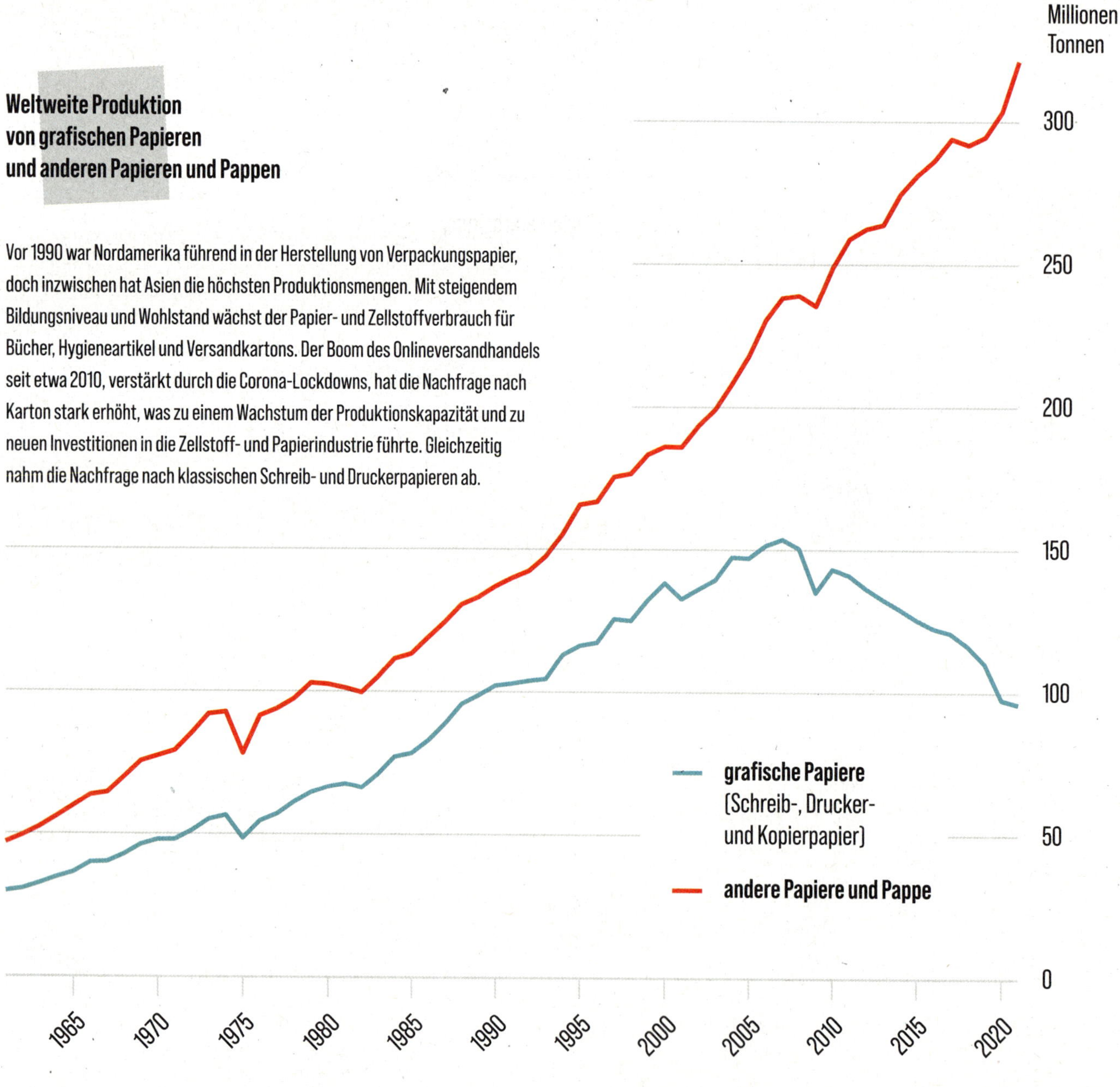

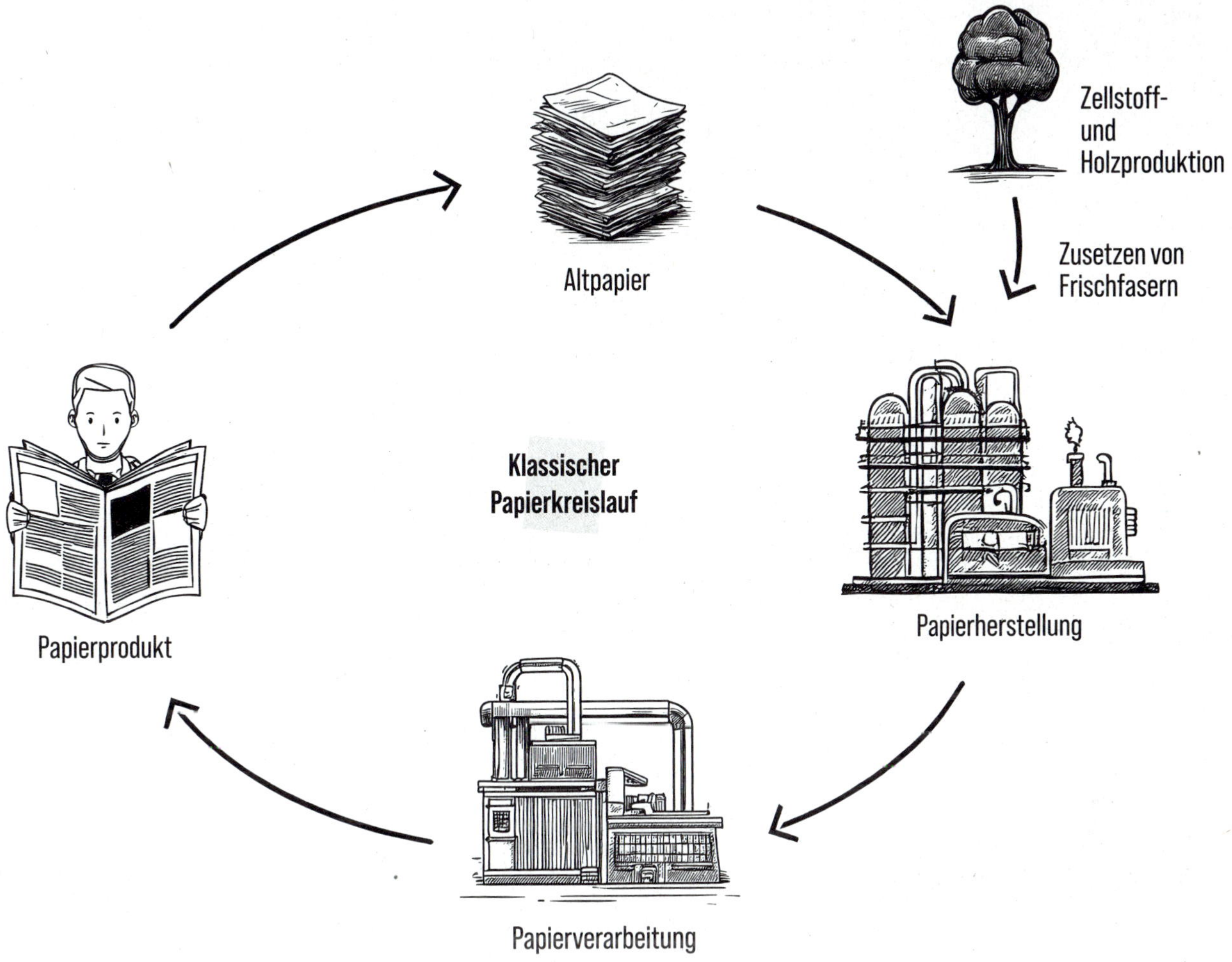
Zellstoff-
und
Holzproduktion
Zusetzen von
Frischfasern
Altpapier
Klassischer
Papierkreislauf
Papierprodukt
Papierherstellung
Papierverarbeitung

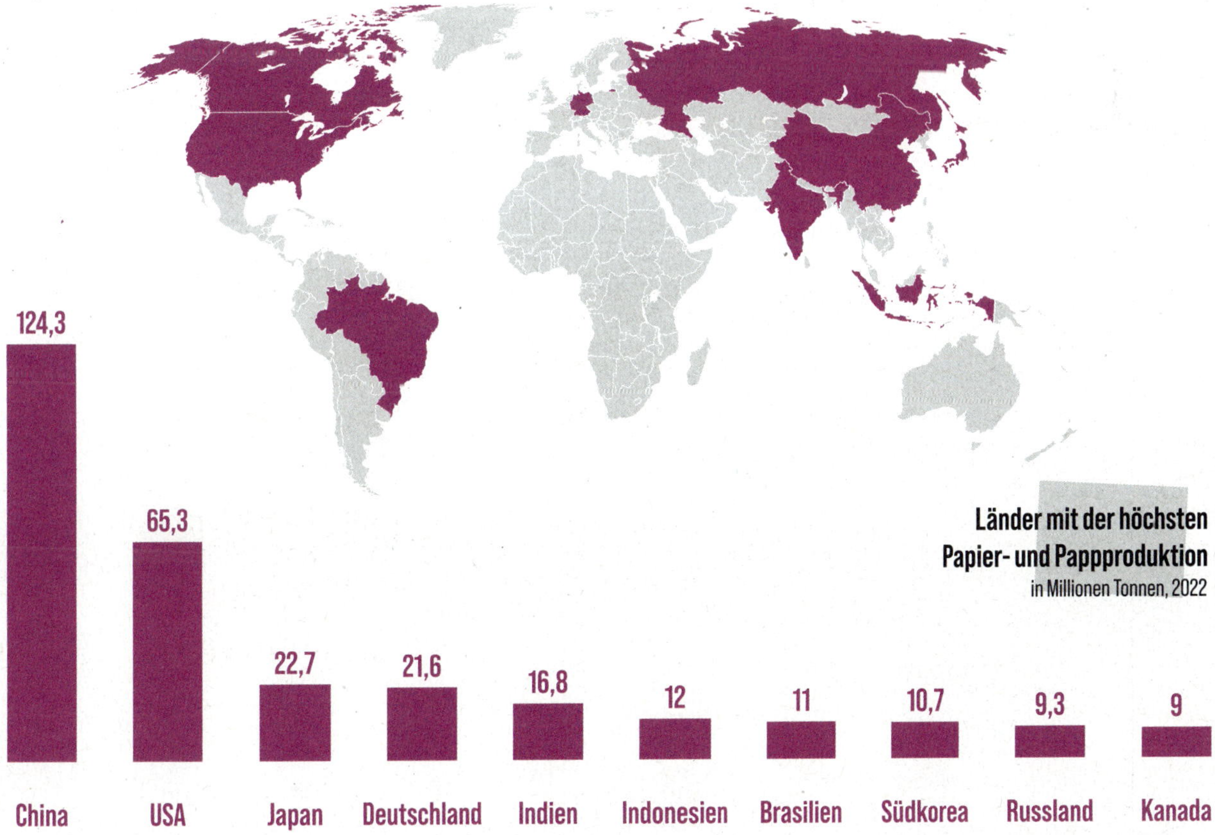
Länder mit der höchsten
Papier- und Pappproduktion
in Millionen Tonnen, 2022
124,3
China
65,3
USA
22,7
Japan
21,6
Deutschland
16,8
Indien
12
Indonesien
11
Brasilien
10,7
Südkorea
9,3
Russland
9
Kanada

NACHHALTIGKEIT

Edinburgh verbietet Werbung für Klimasünden

Die Hauptstadt Schottlands will bis 2030 klimaneutral sein. Dafür will sie unter anderem die Energieeffizienz von Gebäuden verbessern, die Stromerzeugung auf grüne Energien umstellen, das öffentliche Verkehrsnetz ausbauen und wohnortnahe Dienstleistungen und Freizeitangebote schaffen. Ende Mai schlug Edinburghs Nachhaltigkeitsausschuss nun vor, auch die Richtlinien für die stadteigenen Werbeflächen entsprechend anzupassen. Während bereits jugendgefährdende Inhalte, diskriminierende Werbung sowie solche für Waffen und Tabak verboten waren, sollte nun auch Reklame für CO_2-intensive Produkte und Unternehmen verbannt werden. Um den ehrgeizigen Nachhaltigkeitsbestrebungen der Stadt gerecht zu werden, wurden die klimaschädlichsten Bereiche genau definiert:

- Kreuzfahrten,
- Verbrenner- und Hybridautos sowie SUVs,
- Fluggesellschaften, Flughäfen und alles, was zu mehr Flugreisen animiert,
- Firmen, die fossile Brennstoffe fördern, raffinieren, herstellen, liefern, vertreiben oder verkaufen, sowie deren Marken und Lobbyorganisationen.

Das Vertragsunternehmen, das die Werbeflächen an Bushaltestellen vermarktet, schätzt, dass mit dem Verbot bis zu zehn Prozent an Einnahmen wegfallen. Ab 2030 wären das Einbußen von 200.000 Pfund – jedes Jahr. Diese Verluste könnten jedoch mit weniger klimaschädlichen Werbekunden kompensiert werden, hält der Nachhaltigkeitsausschuss entgegen. Dafür gebe es bereits Beispiele in anderen Gemeinden und Ländern.

Dass der Vorschlag des Komitees bei der Stadt auf offene Ohren gestoßen ist, zeigt die im August aktualisierte Fassung der Werberichtlinie. Ihr zufolge darf auf städtischen Flächen künftig nicht mehr für die aufgeführten Produkte und Unternehmen geworben werden. Laufende Verträge betrifft das jedoch nicht.

Weitere britische Orte, Grafschaften und Verwaltungsbezirke,
die eine kohlenstoffarme oder ethische Werbepolitik eingeführt haben

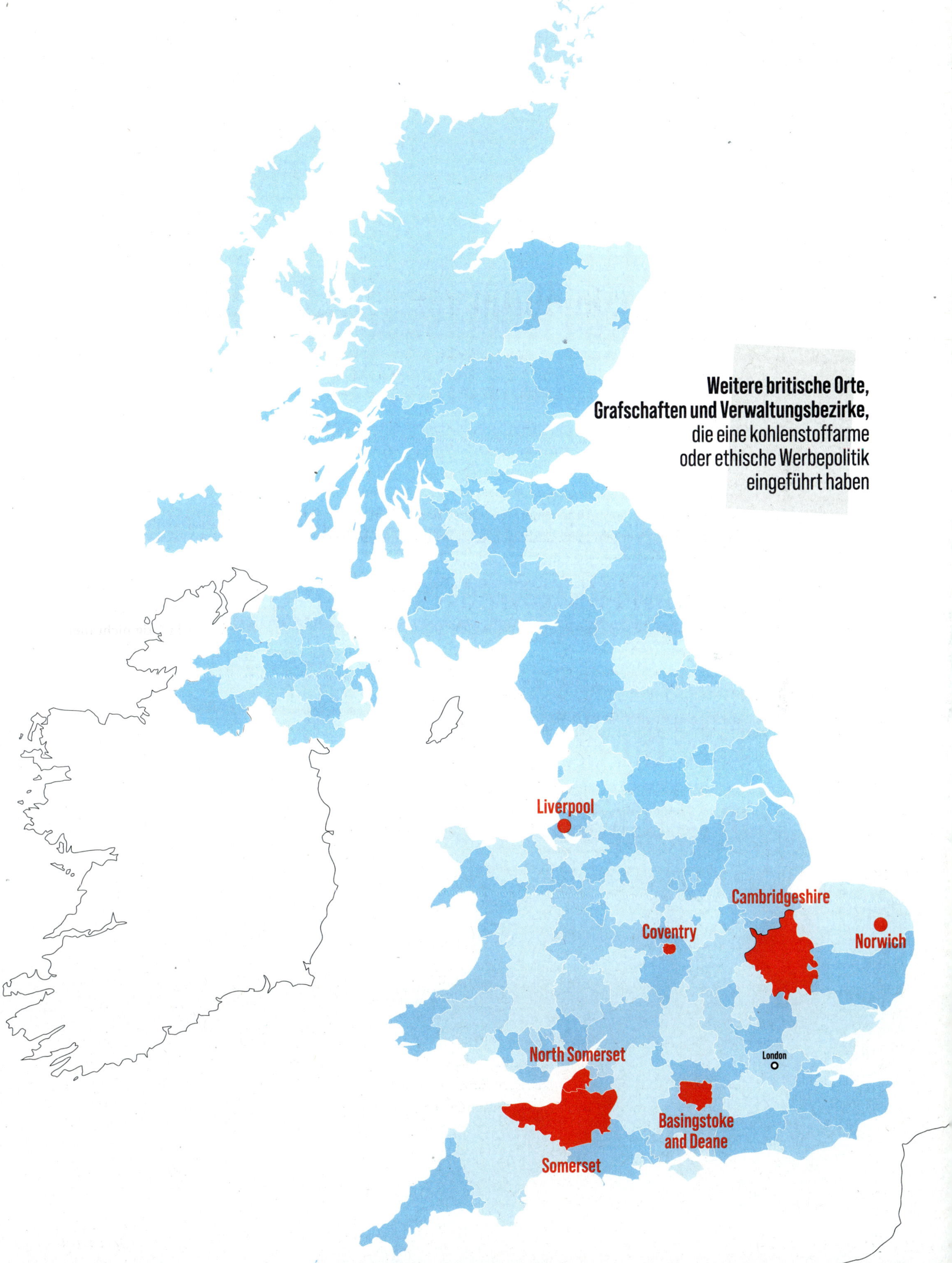

TROCKNE

Tote durch islamistischen Terror in Deutschland 2023: 1

Tote durch Straßenverkehr in Deutschland 2023: 2.839

Tote durch Brände in Deutschland 2023: 324

ZAHLEN

BRANDSCHUTZ IM AUSLAND

Liechtensteiner löschen ehrenamtlich

In Österreich arbeiten 99 Prozent der Feuerwehrleute ehrenamtlich, in Liechtenstein gibt es keinen einzigen Berufsfeuerwehrmann und in Polen trägt die freiwillige Feuerwehr einen anderen Helm als die hauptberufliche, macht aber die gleiche Arbeit. All das zeigt: In vielen Ländern verlässt sich die Gesellschaft auf freiwillige Helfer. Finden sich nicht genügend, steht das Gemeinwesen nicht nur vor finanziellen Problemen.

VON **CORNELIA SCHIMEK**

In Laos schützt ein Feuerwehrmann im Schnitt 26.730 Menschen – statistisch gesehen ist also eine Person alleine für die Bevölkerung einer mittelgroßen deutschen Stadt verantwortlich. In Bangladesch kommt ein Brandschützer auf rund 13.000 Einwohner:innen und im Iran sind es um die 6.900 Menschen. In den EU-Ländern fällt die Quote deutlich günstiger aus. So liegt das Verhältnis Feuerwehrkraft zu Einwohner:in in Italien bei etwa 1:1.250 und in Österreich bei 1:29.[1] Ein Grund für die gute Versorgung in diesen Ländern: die vielen freiwilligen Feuerwehren.

Die meisten Einsätze bei Bränden, Überschwemmungen und anderen Notfällen leisten Menschen, die dafür in der Regel kein Geld bekommen und trotzdem Tag und Nacht bereitstehen. Das zeigen die Daten der Welt-Feuerwehrstatistik, die die *International Association of Fire and Rescue Services* jedes Jahr veröffentlicht. In ihrem Bericht fassen die Herausgeber die nationalen Daten aus rund 50 Staaten zusammen.

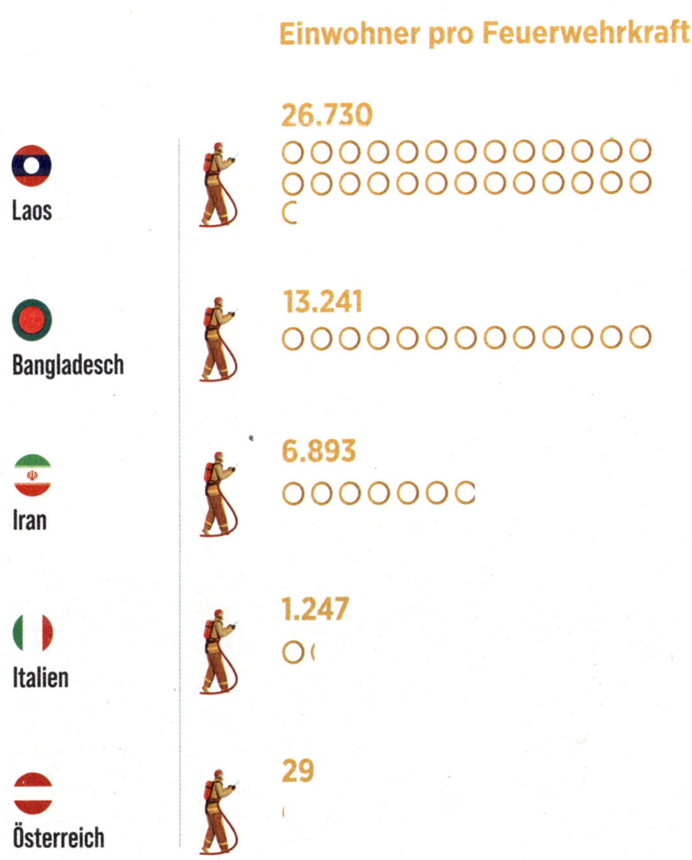

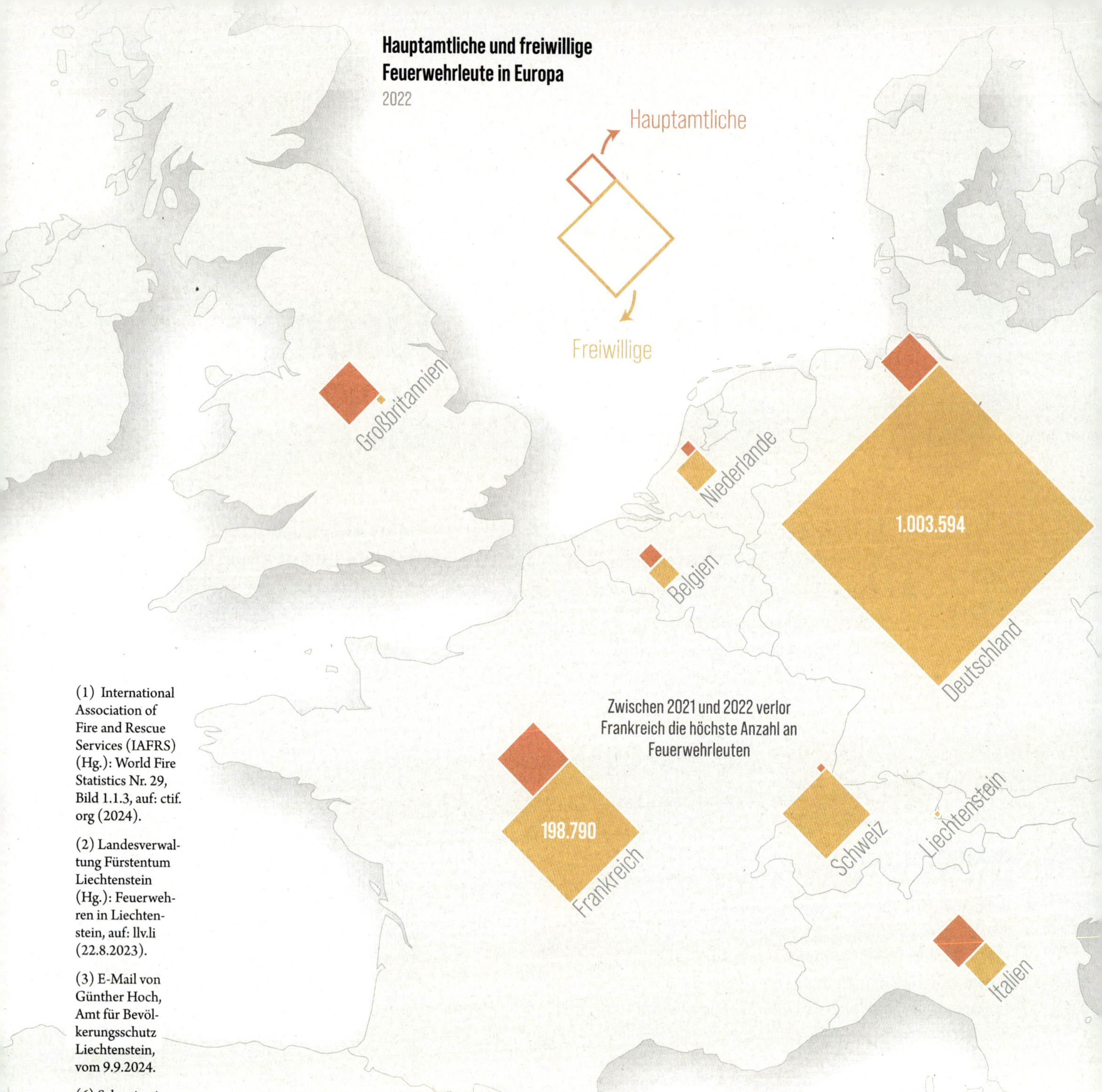

(1) International Association of Fire and Rescue Services (IAFRS) (Hg.): World Fire Statistics Nr. 29, Bild 1.1.3, auf: ctif.org (2024).

(2) Landesverwaltung Fürstentum Liechtenstein (Hg.): Feuerwehren in Liechtenstein, auf: llv.li (22.8.2023).

(3) E-Mail von Günther Hoch, Amt für Bevölkerungsschutz Liechtenstein, vom 9.9.2024.

(6) Schweizerischer Feuerwehrverband (Hg.): Milizfeuerwehr, auf: swissfire.ch.

(5) Sander, Nils: Feuerwehr Schweiz: Wie das Löschwesen in den Kantonen funktioniert, auf: feuerwehrmagazin.de (10.5.2021).

(6) Sauter, Dominik: Rückgrat der Gesellschaft. Freiwillige Feuerwehren in Europa, in: 112°-Magazin, Ausgabe 4 (2020), S. 11.

Doppelt so viele freiwillige Feuerwehren wie Fußballvereine

Ein Ergebnis des Ländervergleichs: In Liechtenstein arbeitet – von einer Handvoll Werksfeuerwehren abgesehen – kein einziger Berufsfeuerwehrmann. Den Schutz der rund 40.000 Einwohner:innen übernehmen die etwa 600 freiwilligen Feuerwehrleute.[2] Für den Fall, dass sich nicht genügend Ehrenamtliche für den Dienst melden, besteht in dem Großherzogtum eine Feuerwehrpflicht für alle Bürger:innen zwischen 18 und 60 Jahren. Bisher musste diese Regel allerdings nie angewandt werden, weil sich immer genügend Helfende fanden.[3] Auch in der Schweiz gilt in vielen Kantonen eine Feuerwehrpflicht. Die Eidgenossenschaft hat nämlich ein ausgeprägtes Milizsystem, das heißt, öffentliche Aufgaben werden von den Bürger:innen im Nebenberuf verrichtet.[4] Wer der Aufgabe nicht nachkommt, muss eine Abgabe zahlen.[5] Aufgrund dieser Regelung kann das Land auf die Unterstützung von freiwilligen Helfenden weitestgehend verzichten.[6]

Anders in Österreich, wo etwa 99 Prozent der Feuerwehrleute ehrenamtlich arbeiten. Nur in sechs Städten – darunter Wien, Graz und Salzburg – existiert überhaupt eine Berufsfeuerwehr,[7] sodass insbesondere die ländlichen Regionen von den Ehrenamtlichen abhängig sind. In der Alpenrepublik gibt es mehr als doppelt so viele freiwillige Feuerwehren wie Fußballvereine.[8] Als im Sommer

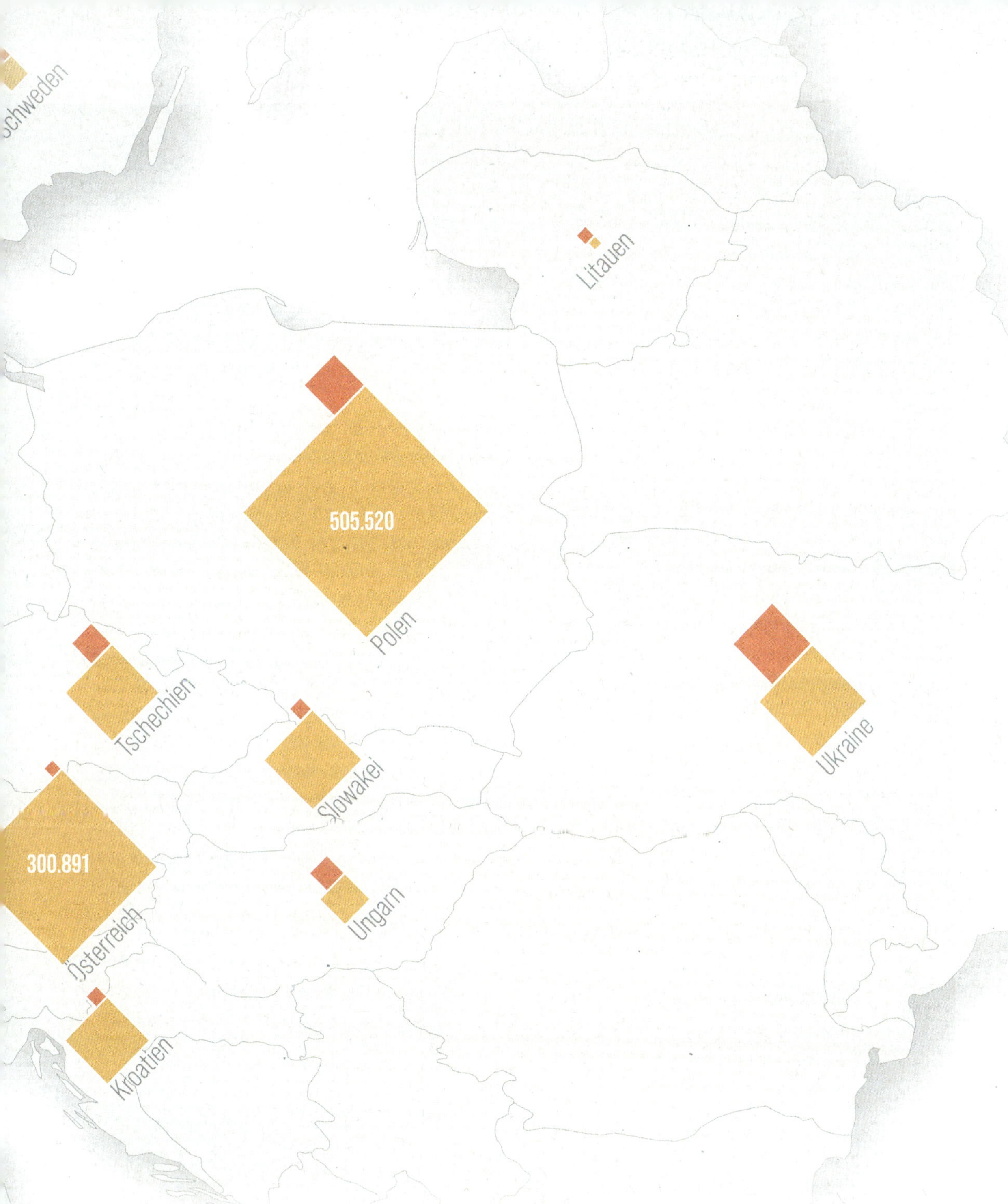

2023 Unwetter Teile Kärntens und der Steiermark verwüsteten, titelte der *Standard*. „Ohne Freiwillige wäre Österreich bei Katastrophen verloren".[9] Ein ähnliches Bild zeichnet sich auch im Rest Europas: In den Niederlanden, wo rund 85 Prozent der Brandschützer ehrenamtlich arbeiten,[10] absolvieren Freiwillige und Berufskräfte sogar die gleiche Ausbildung und übernehmen im Einsatz die gleichen Aufgaben. Selbst in den höheren Dienstgraden, wie der Verbandsführung oder der technischen Einsatzleitung, arbeiten Freiwillige.[11] Auch in Polen sind hauptamtliche und freiwillige Feuerwehrleute gleichgestellt, nur optisch unterscheiden sie sich: Die freiwilligen tragen weiße Helme, die Berufsfeuerwehren rote.[12] So lobenswert das Engagement der Ehrenamtlichen ist, birgt das System natürlich die Gefahr, dass sich nicht genügend Menschen freiwillig melden.

Und was, wenn sich nicht genügend Freiwillige finden?

Vor diesem Problem stehen aktuell zum Beispiel die USA. Das Land ist wegen seiner geografischen Ausdehnung stark auf Ehrenamtliche angewiesen. Auch dort arbeitet die große Mehrheit der Feuerwehrleute – knapp zwei Drittel – in ihrer Freizeit, ohne Entlohnung.[13] In einigen Bundesstaaten, etwa in Minnesota, sind es Schätzungen zufolge sogar über 90 Prozent. Doch die Bereitschaft zum Dienst ist in den letzten Jahren stark zurückgegan-

(7) Österreichischer Bundesfeuerwehrverband (Hg.): Feuerwehr in Österreich 2023, auf: bundesfeuerwehrverband.at.

(8) Zeppenfeld, B.: Anzahl der Fußballvereine in Österreich von 2013 bis 2023, auf: de.statista.com (5.4.2024); Kollinger, Hermann: Das Feuerwehrwesen in Österreich, auf: ollersbach.at.

(9) John, Gerald: Ohne Freiwillige wäre Österreich bei Katastrophen verloren, auf: derstandard.de (8.8.2023).

(10) IAFRS 2024, Bild 1.14.

(11) Interview mit Christian Velthausz: So funktioniert die Feuerwehr (Brandweer) in den Niederlanden, auf: feuerwehrleben.de.

gen, wie Daten des *National Volunteer Fire Council (NVFC)* zeigen. In dem Verband organisieren sich die freiwilligen Feuerwehren des Landes, tauschen sich aus und koordinieren Bildungsangebote und Lobbyarbeit. Vor 40 Jahren, so der NVFC, gab es in den USA noch fast 900.000 freiwillige Feuerwehrleute. Bis zum Jahr 2020 schrumpfte ihre Zahl auf 677.000. Gleichzeitig haben sich die Einsätze fast verdreifacht. Einige Bundesstaaten und Städte sind von dem Rückgang besonders stark betroffen, so zum Beispiel der Staat New York. Seit den späten Neunzigerjahren ist die Zahl der Freiwilligen dort um fast ein Drittel zurückgegangen.[14]

Ein Grund für das schwindende Engagement ist der zunehmende wirtschaftliche Druck. Viele Haushalte sind mittlerweile auf mehrere Einkommen angewiesen. Es fehlt den Leuten schlicht die Zeit, unbezahlt zu helfen. Die US-Feuerwehrbehörde versucht, mit Werbekampagnen mehr Menschen für den freiwilligen Dienst zu gewinnen. Außerdem bezuschusst die US-Regierung mit einem eigens eingerichteten Finanzierungsprogramm viele der Dienststellen. Läuft die Werbeoffensive ins Leere, müssten künftig mehr Berufsfeuerwehrleute eingestellt werden. Das würde viel Geld kosten: Im Bundesstaat New York erspart die freiwillige Feuerwehr den Steuerzahlenden jährlich fast vier Milliarden Dollar. Würden alle Ehrenamtlichen durch Berufswehren ersetzt werden, müsste die Grundsteuer um 28 Prozent erhöht werden.[15]

Was haben Prominente damit zu tun?

Neben den Berufsfeuerwehren und den freiwilligen Feuerwehren gibt es in den USA immer mehr private Brandschutzunternehmen. Darüber berichtete das Magazin der *Süddeutschen Zeitung* bereits 2017: „Immer öfter werden in Amerika Sanitäter, Feuerwehren und Notdienste nicht von Steuergeldern bezahlt, sondern von an der Börse notierten Investmentfirmen geführt. Das wissen die Menschen zwar nicht, die den Notruf wählen, sie merken es aber spätestens, wenn die Rechnung kommt."[16] 2021 gab es um die 280 private Unternehmen zur Waldbrandbekämpfung, vor allem im Westen der USA.[17] Ihre Kund:innen sind private Landbesitzer, die ihr Haus schützen wollen, aber auch Versicherungen. Diese engagieren die Feuerwehren mit der Aufgabe, die versicherten Häuser

(12) Sauter 2020, S. 10.

(13) IAFRS 2024, Bild 1.14.

(14) Becker, Sam: The dire shortage of volunteer firefighters in the US, auf: bbc.com (25.1.2024).

(15) Ebd.

(16) Haas, Michael: Der Ausverkauf Amerikas, auf: sz-magazin.sueddeutsche.de (30.6.2017).

(17) Ulmer, Alexandra: Insight: Private firefighters fuel tensions while saving California vineyards and mansions, auf: reuters.com (14.5.2021).

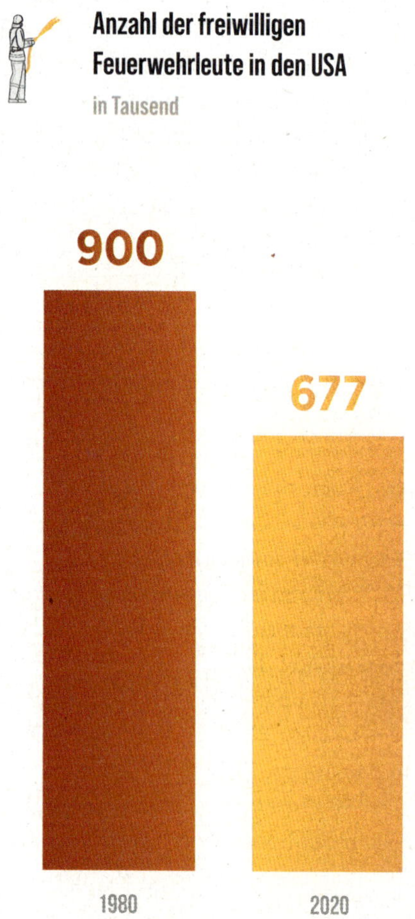

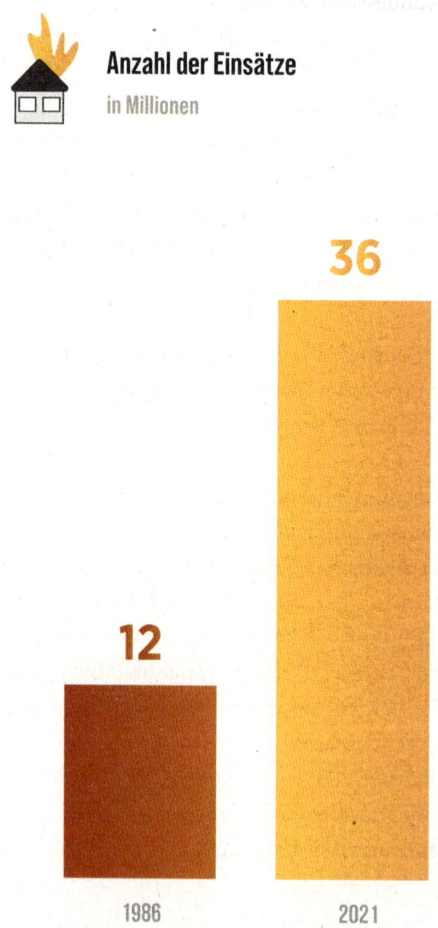

feuerfester zu machen. Dazu gehören zum Beispiel das Beschneiden von Bäumen oder das Installieren von Sprinkleranlagen. Für Versicherungen ist diese Investition in der Regel preiswerter, als ein niedergebranntes Haus zu ersetzen.[18]

Auch das damalige Promipaar Kim Kardashian und Kanye West engagierte während der verheerenden Waldbrände 2018 in Kalifornien private Brandschützer. Zwar entlasteten diese die lokale Feuerwehr, generell besteht aber die Gefahr, dass sich die Einsatzkräfte gegenseitig behindern, da sie unterschiedliche Ziele verfolgen:[19] Während die Privaten Maßnahmen treffen, um die Häuser der zahlenden Kundschaft von vornherein vor den Flammen zu schützen, löscht die Feuerwehr in der ganzen Gemeinde, so gut es geht – egal, ob jemand gut betucht ist oder nicht.[20]

Die Feuerwehr der USA ist ähnlich aufgebaut wie die in Deutschland oder Österreich. In all diesen Ländern führt die föderale Struktur dazu, dass für die Feuerwehren in den einzelnen Bundesstaaten beziehungsweise Bundesländern eigene Gesetze gelten. Sichtbar werden diese Unterschiede auch an den Farben der Einsatzwagen oder der Schutzausrüstung, die sich etwa in den USA von Bundesstaat zu Bundesstaat unterscheiden.[21] Mit knapp 11.000[22] angestellten Brandschützern ist die New Yorker Feuerwehr mit Abstand die größte der Vereinigten Staaten und weltweit auf dem zweiten Platz.[23] Nur die Feuerwehr in Tokio ist zahlenmäßig noch größer. Die Anschläge vom 11. September haben die New Yorker Einsatzkräfte damals berühmt gemacht. Unter den fast 3.000 Toten waren 343 Feuerwehrmänner, darunter auch wichtige Führungskräfte.[24] Um diese zu ersetzen, wurden rund 160 Personen befördert. Feuerwehrchef Thomas von Essen sagte damals: „Der Anlass ist traurig, aber sie haben es verdient."[25]

Die Zentralfeuerwehr

Deutlich zentralistischer als in den USA ist die Feuerwehr in Frankreich organisiert. Dort gibt es kaum Unterschiede zwischen den Regionen.[26] Eine weitere Besonderheit: Ein Fünftel der Einsatzkräfte ist weiblich, im Ländervergleich ein relativ hoher Wert. In Deutschland und der Schweiz sind es nur neun Prozent, was dem weltweiten Durchschnitt entspricht.[27] Österreich liegt darunter, hier sind lediglich sieben Prozent der hauptberuflichen Feuerwehrleute Frauen. Woran liegt das? Ein Grund ist die Aufnahmeprüfung, die für alle Bewerber:innen gleich ist und bei der unter anderem die Fitness getestet wird. Seit 1998 haben nur sechs Frauen in Wien und keine einzige in Graz die Anforderungen erfüllt. Außerdem muss jeder, der zur Berufsfeuerwehr will, eine Handwerksausbildung absolviert haben. Das Ergebnis ist, dass in Österreich gerade einmal 28 Frauen bei der Berufsfeuerwehr arbeiten. Und das in Schutzkleidung für Männer – für die Frauen gibt es keinen eigenen Schnitt. Trotzdem hat Österreich kein Nachwuchsproblem – im Gegenteil: In Wien kamen zuletzt auf rund 60 freie Stellen 300 Bewerbungen.[28]

„In Wien kamen zuletzt auf rund 60 freie Stellen 300 Bewerbungen"

Frauenanteil bei der Feuerwehr
ausgewählte Länder, 2010-2022

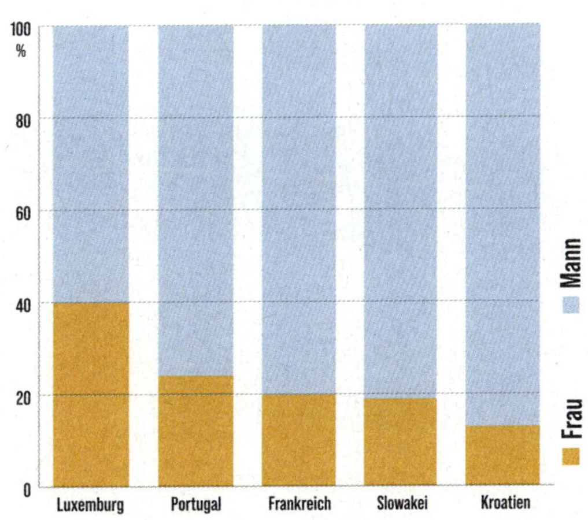

(18) Kurze Korinna: Kim und Kanye zahlen für private Feuerwehr – andere sind den Bränden ausgeliefert, auf: spiegel.de (15.11.2018).

(19) Ulmer 2021.

(20) Kurze 2018.

(21) Einsatzleben-Podcast, Folge 260: Der Ländervergleich – wie Feuerwehr in anderen Staaten funktioniert, auf: brand-punkt.de (13.12.2013).

(22) NYC Fire Department (Hg.): Overview, auf: nyc.gov.

(23) Feuerwehr-Magazin Redaktion: Die irren Einsatzzahlen des FDNY, auf: feuerwehrmagazin.de (5.5.2023).

(24) NYC Fire Department (Hg.): FDNY Commissioner Robert S. Tucker adds 32 names to the World Trade Center Memorial Wall, auf: nyc.gov (4.9.2024).

(25) Hegemann, Jan-Erik: 9/11 – der Tag, an dem die Welt sich änderte, auf: feuerwehrmagazin.de (11.9.2021).

(26) Sauter 2020, S. 9.

(27) IAFRS 2024, Tabelle 1.14.

(28) Ziegler, Mathias: Warum die Feuerwehr mehr Frauen braucht, auf: wienerzeitung.at (29.12.2023).

Waldbrände in Europa
Januar bis August 2024

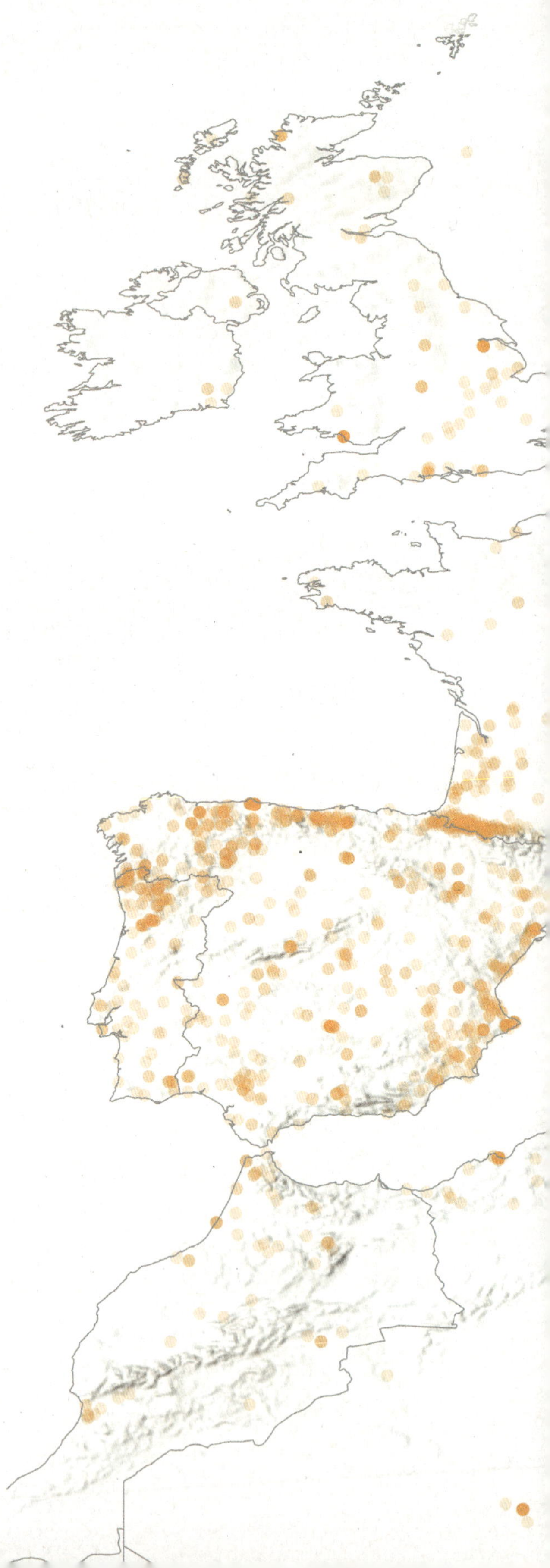

Mehr Waldbrände, weniger Feuerwehrleute

Die Bereitschaft, diesen gefährlichen Beruf auszuüben, wird immer wichtiger. Durch den Klimawandel werden Überschwemmungen, Unwetter und Waldbrände häufiger. Allein in der Europäischen Union brannte im letzten Jahr eine Fläche doppelt so groß wie Luxemburg. Die EU hat auf die zunehmende Bedrohung reagiert und ihren Katastrophenschutz erweitert. Seit 2019 gibt es das Programm *rescEU*, das vollständig von der EU finanziert wird. Rund 550 Feuerwehrleute aus zwölf Ländern, die in Frankreich, Portugal und Spanien stationiert sind, sollen die lokalen Einsatzkräfte bei Waldbränden unterstützen.[29] Diese länderübergreifende Hilfe ist auch deshalbwichtig, weil 2023 einige EU-Staaten trotz der steigenden Risiken die Zahl ihrer Feuerwehrkräfte verringert haben. Gab es beispielsweise auf Zypern vor zwei Jahren noch um die 2.000 Berufsfeuerwehrleute, sank ihre Zahl im vergangenen Jahr auf unter 1.500. In Litauen halbierte sich die Belegschaft und Griechenland verlor knapp 14 Prozent.[30] Auch zukünftig wird sich die Gesellschaft also auf die Hilfe von Freiwilligen verlassen müssen.

(29) Europäische Kommission (Hg.): EU stärkt Bereitschaft zur Bekämpfung der Waldbrandsaison 2024, auf: europa.eu.

(30) Europäischer Gewerkschaftsbund (Hg.): Firefighters cut in 12 EU countries despite rising climate risk, auf: etuc.org (23.8.2024).

CORNELIA SCHIMEK
KATAPULT

Finde die 16 Igel

KW

MÄRZ

Das ist das Märzbild unseres Wimmelbildkalenders 2025

SÜDWESTEUROPA

Grundwasserspiegel überraschend stabil

Hitzerekorde und Dürreperioden – Hiobsbotschaften über den Klimawandel und seine Folgen werden nur hin und wieder abgelöst von schlechten Nachrichten. Eine neue Studie aus Leipzig sorgt nun ausnahmsweise mal für etwas Optimismus: Sie zeigt, dass die Grundwasserspiegel in Südwesteuropa trotz zunehmender Trockenheit weniger stark sinken als erwartet. Und das, obwohl in der Region intensive Landwirtschaft betrieben wird und das Grundwassermanagement dort als weniger nachhaltig gilt.

Die Wissenschaftler untersuchten insgesamt 12.398 Brunnen in Portugal, Spanien, Frankreich und Italien. Ihre Daten reichen zum Teil bis ins Jahr 1960 zurück. Das Ergebnis: Bei gerade einmal 12 Prozent der Brunnen ist der Grundwasserspiegel seitdem gesunken. 68 Prozent weisen einen stabilen Wasserstand auf und bei 20 Prozent ist er sogar gestiegen.

Es gibt aber einige Einschränkungen und vor allem regionale Unterschiede: So würden die Grundwasserspiegel und die Wasserentnahme nur lückenhaft überwacht, was die Auswertung beeinträchtige. Zudem gebe es in den verschiedenen Regionen unterschiedliche Beschränkungen, was die Entnahmemenge angeht.

Allgemein lässt sich sagen: In großen Städten eher nördlicher Breite wurden abnehmende Pegel beobachtet, etwa in Bordeaux, Nizza oder in Modena in der südlichen Poebene. In regenreichen Regionen auf demselben Breitengrad hingegen stieg das Grundwasser an. Stabile Niederschlagsraten seien jedoch kein Garant für einen gleichbleibenden Wasserspiegel. Denn die steigenden Temperaturen sorgen für mehr Verdunstung und einen entsprechend höheren Bedarf an Grundwasser. 21 Prozent der momentan stabilen Brunnen liegen in derart gefährdeten Gebieten.

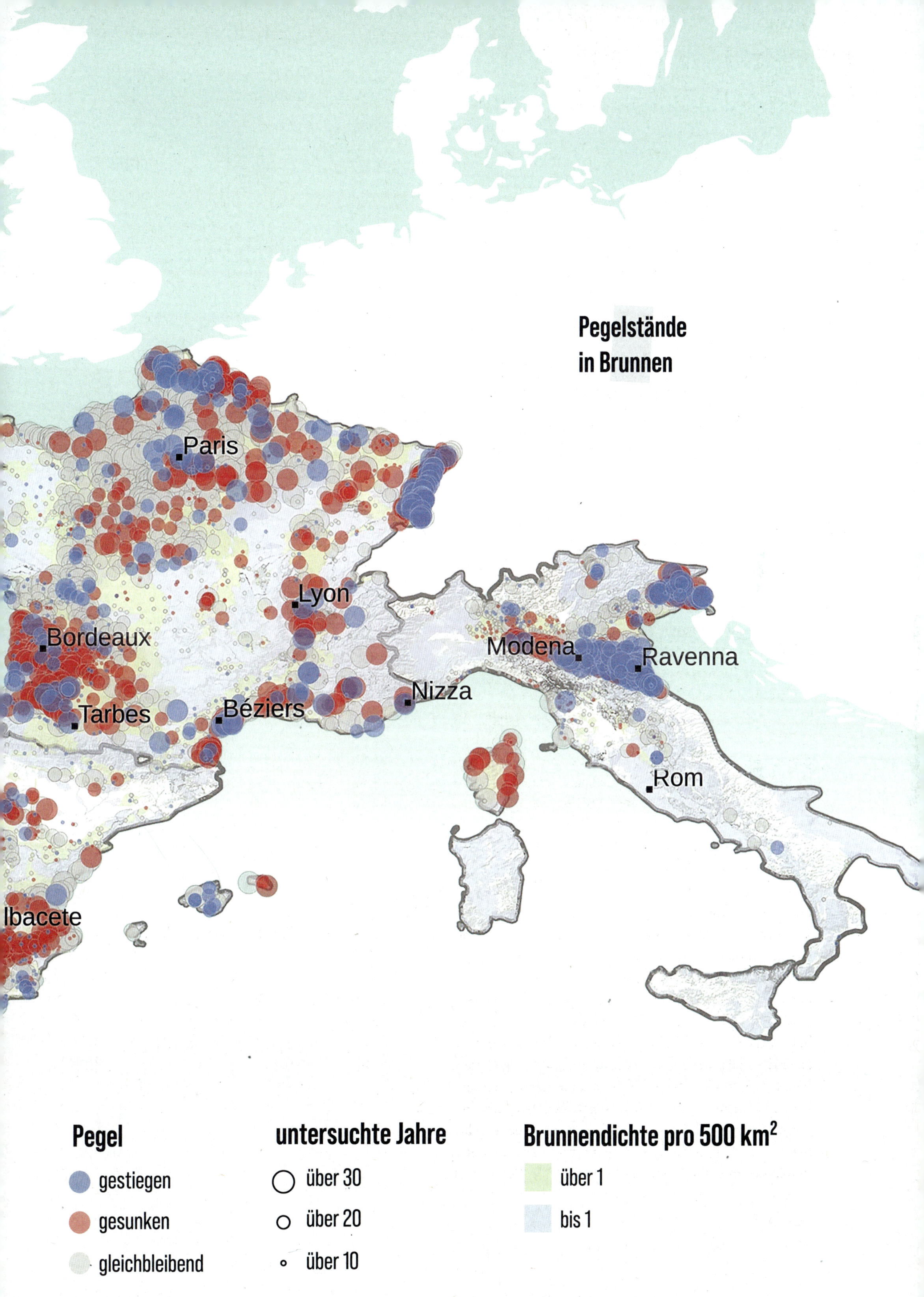
Pegelstände
in Brunnen
Paris
Lyon
Bordeaux
Tarbes
Béziers
Nizza
Modena
Ravenna
Rom
lbacete
Pegel
gestiegen
gesunken
gleichbleibend
untersuchte Jahre
über 30
über 20
über 10
Brunnendichte pro 500 km²
über 1
bis 1

Olympische Gastgeberländer
1896 bis 2034, heutige Grenzen
erste Spiele, die Gewinne erwirtschaften
Münchner Olympia-Attentat
1896
1900
1904
1908
1912
1920
1924
1928
1932
1936
1948
1952
1956
1960
1964
1968
1972
1976
1924
1928
1932
1936
1948
1952
1956
1960
1964
1968
1972
erste Winterspiele
Berlin 1916
abgesagt wegen Weltkrieg
Tokio, Helsinki 1940
abgesagt wegen Weltkrieg
Sapporo, Garmisch 1940
abgesagt wegen Weltkrieg
London 1944
abgesagt wegen Weltkrieg
Cortina d'Ampezzo 1944
abgesagt wegen Weltkrieg

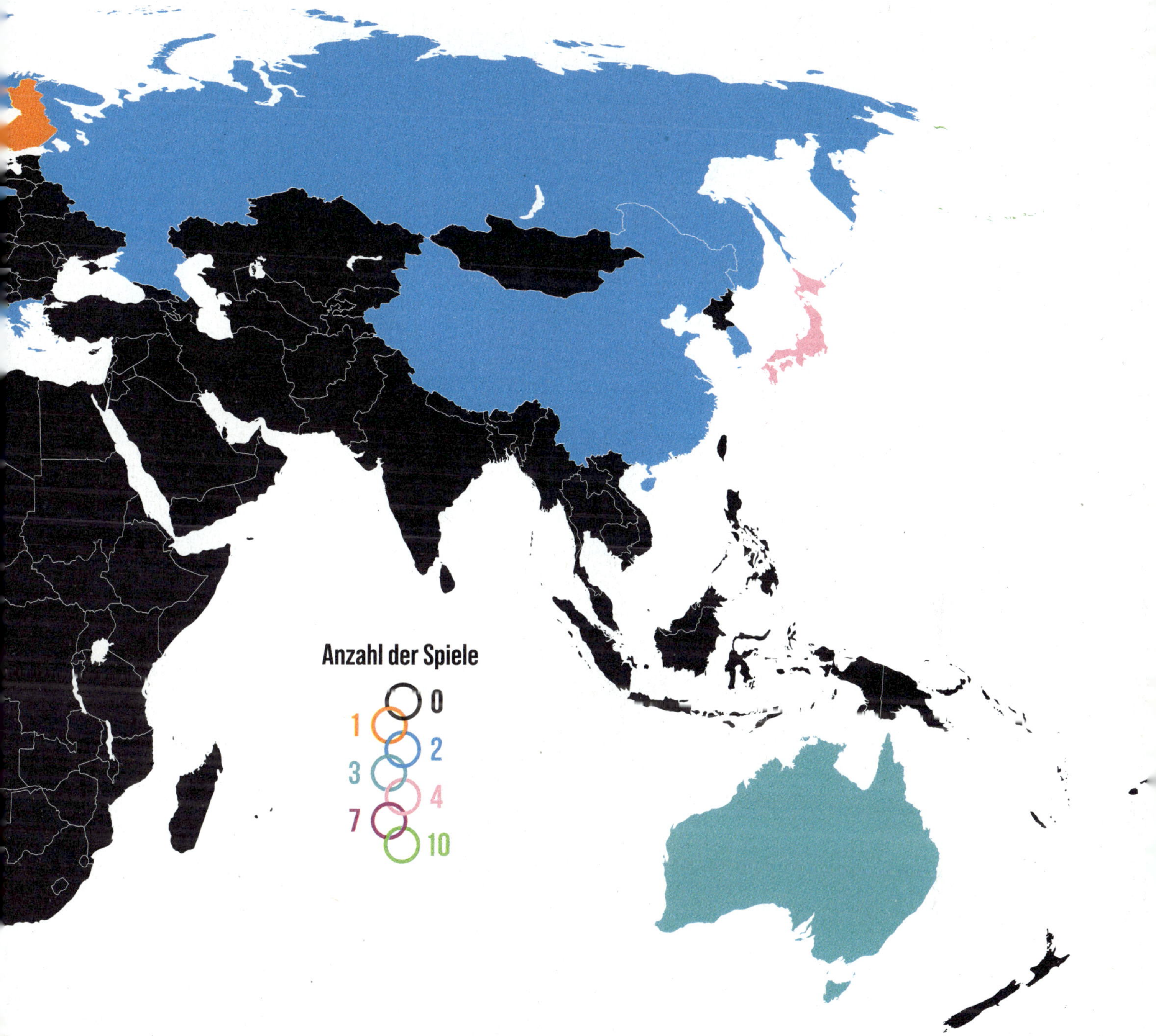
Anzahl der Spiele
0
1
2
3
4
7
10

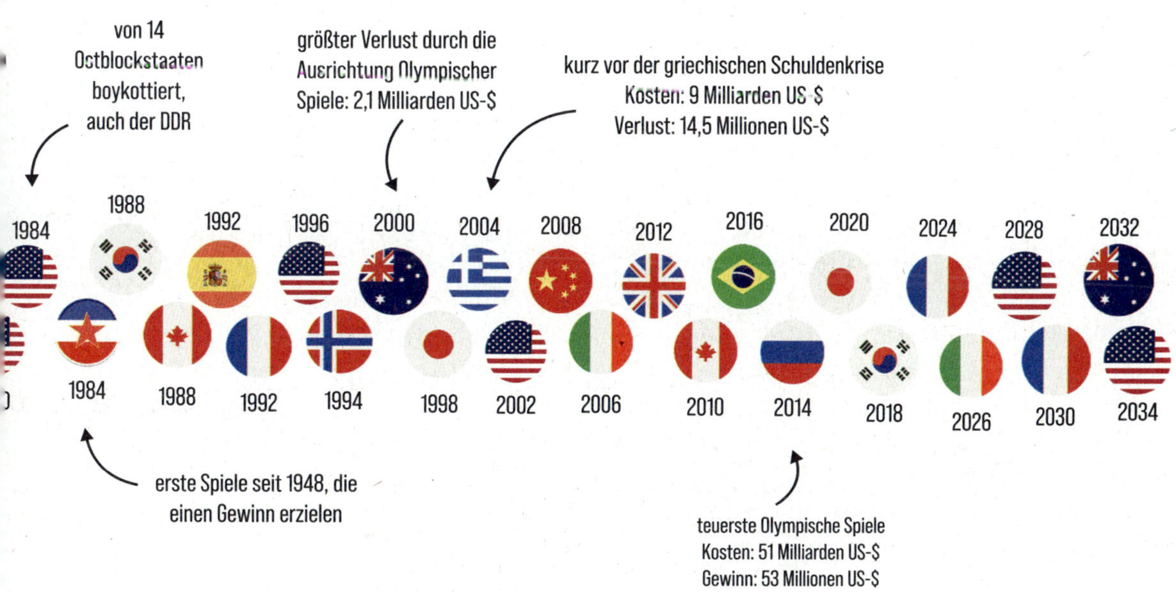
von 14
Ostblockstaaten
boykottiert,
auch der DDR
größter Verlust durch die
Ausrichtung Olympischer
Spiele: 2,1 Milliarden US-$
kurz vor der griechischen Schuldenkrise
Kosten: 9 Milliarden US-$
Verlust: 14,5 Millionen US-$
1984
1988
1992
1996
2000
2004
2008
2012
2016
2020
2024
2028
2032
1984
1988
1992
1994
1998
2002
2006
2010
2014
2018
2026
2030
2034
erste Spiele seit 1948, die
einen Gewinn erzielen
teuerste Olympische Spiele
Kosten: 51 Milliarden US-$
Gewinn: 53 Millionen US-$

Die Ostsee

VS

BRANDENBURG

Es heißt DER Ostsee!

Der Cottbuser Ostsee ist der größte künstliche See Deutschlands – zumindest wenn er vollgelaufen ist. Der ehemalige Tagebau östlich von Cottbus, in dem noch bis 2015 Braunkohle gefördert wurde, wird seit April 2019 geflutet. Bis Ende nächsten Jahres könnte er bereits gefüllt sein. Dann hätte er seinen endgültigen Wasserstand von 62,5 Metern erreicht.

Wie bei Stauseeprojekten weltweit befürchten Kritiker auch hier, dass die Wasserversorgung flussabwärts gefährdet wird. Denn die Spree, die den Ostsee speist, versorgt unter anderem den Spreewald und Berlin mit Wasser. Ein weiterer Kritikpunkt: Die große Wasserfläche und die geringe Tiefe sorgen für eine hohe Verdunstungsrate. 4,7 Millionen Kubikmeter Wasser könnten so im Jahr verlorengehen.

Demgegenüber versprechen sich die Verantwortlichen einen Anstieg der Tourismuszahlen in der Region. Bei einer Potenzialanalyse orientierte man sich etwa am etwas kleineren Senftenberger See, der jährlich gut 60.000 Gäste mit etwa 275.000 Übernachtungen verzeichnet. Darüber hinaus wollen die Cottbuser Stadtwerke eine Großwärmepumpe im Ostsee installieren, die mindestens 40 Prozent der in der Stadt benötigten Fernwärme liefern soll.

Cottbuser

DER Ostsee

ca. 1.300 km	Nord-Süd-Ausdehnung	ca. 6,5 km
ca. 1.000 km	Ost-West-Ausdehnung	ca. 5,8 km
412.560 km²	Fläche	19 km²
0 m	Wasserspiegel über Normalhöhennull	62,5 m
52 m	mittlere Tiefe	2,7 m
459 m	maximale Tiefe	ca. 30 m
über 100.000	Inseln	2
nicht ganz so süß	Salzgehalt	süß

(Angaben sind Zielwerte für den fertigen See)

GEWALT IN PARLAMENTEN

Zuschlagende Politiker

Wladimir Putin veröffentlichte 2017 das Buch „Judo mit Wladimir Putin". Auf dem Cover steht: Wladimir Putin. Er hat sich einen weißen Judogi angezogen und steckt seine Hände unter seinen schwarzen Gürtel: Er ist kampfbereit. Wirklich gekämpft hat er aber noch nicht. Jedenfalls nicht im Parlament.

VON **BENJAMIN FREDRICH**

In anderen Ländern ist das anders. Die tunesische Politikerin Abir Mouss wurde im Parlament während einer Parlamentssitzung geschlagen und getreten. Sie besprühten die Anwältin mit Wasser und bewarfen sie mit leeren Flaschen. Der Vorfall wurde von TV-Kameras aufgezeichnet – zum Entsetzen vieler im arabischen Raum.

Seitdem trägt Moussi stets einen Helm und eine Schutzweste, da sie auch Morddrohungen von Islamisten erhalten hat. Gelegentlich unterbricht sie Debatten mit einem Megafon, während sie die Sitzung live streamt – Dinge, die sie bei ihren Kritikern nicht unbedingt beliebter machen. Einst eine feste Unterstützerin des gestürzten Diktators Zine al-Abidine Ben Ali, betrachtet sie sich als Hüterin des säkularen Staats.

In einigen Ländern ist Gewalt im Parlament zur Regel geworden. Ukrainische Politiker bevorzugen den Faustkampf, der sich oft zu einer Massenschlägerei entwickelt – Klitschko war bisher nur an einer Rangelei beteiligt. Inder werfen mit Mikrofonhaltern aus Metall und in Jordanien bringt ein Abgeordneter gleich seine Kalaschnikow mit ins Parlament. Aus der Mode gekommen sind Ohrfeigen, Spucken und Würgen. Das kam zwar bereits in südamerikanischen Ländern und der Ukraine vor, aber die meisten kleinen und spontanen Angriffe beschränken sich auf Wasserspritzen oder Papierwerfen.[1]

In etwa zehn Prozent aller Gewalttaten wird mit Wasserflaschen geworfen oder mit Wasser gespritzt, sagen die Betreiber von *Parliamentfights.com.* Oft entsteht danach erst die richtige Schlägerei. Weniger Konsequenzen folgen aus Papierwürfen. Das parlamentarische Eierwerfen führt häufig nur dazu, dass die Zielperson das Rednerpult verlässt oder sich einen Regenschirm als Schutz geben lässt. In der Ukraine versuchte ein Mann mit einem Trick, den damaligen Ministerpräsidenten Arsenij Jazenjuk aus dem Plenarsaal zu tragen. Er ging mit einem Blumenstrauß zum Rednerpult, übergab die Blumen jedoch nicht, sondern hob Jazenjuk stattdessen hoch. Als er weggetragen werden sollte, hielt sich der Ministerpräsident mit seinen Händen jedoch am Rednerpult fest. Er hing dann zwar schräg in der Luft, aber der Versuch, ihn aus dem Saal zu schaffen, scheiterte.[2]

Die sicherste Methode, seinen politischen Gegner aus dem Parlament zu treiben, besteht darin, eine Rauch-, oder besser noch: eine Tränengasgranate zu zünden. Im Kosovo ist das passiert. Die Opposition setzte am 19. Februar 2016 Tränengas im Parlament ein, um die Sitzung zu unterbrechen und damit gegen die Regierung zu demonstrieren, die der serbischen Minderheit im Land mehr Autonomie gewährleisten wollte. Für die kosovarische Opposition ist Tränengas

(1) parliament-fights.wordpress.com

(2) Ebd.

mittlerweile zum festen Bestandteil der parlamentarischen Arbeit geworden. Sie setzt das Reizgas regelmäßig ein. Das Sicherheitspersonal wurde deshalb bereits mit Gasmasken ausgestattet.[3]

Bitte zwei Schwertlängen Abstand!
Warum haben wir im Bundestag bisher weder Tränengasangriff noch Judowurf gesehen? Der Sozialwissenschaftler Christopher Gandrud kann diese Frage beantworten. Er hat in einer Kombination aus Fall- und quantitativer Studie untersucht, warum parlamentarische Gewalt entsteht.[4] In Parlamenten sollen Probleme eigentlich friedlich gelöst werden. Das britische Unterhaus ist extra so gebaut worden, dass Opposition und Regierung mindestens zwei Schwertlängen auseinander sitzen.[5] Bisher wurde aber auch noch kein Schwertkampf im Parlament bekannt. Für jegliche andere Arten der Gewalt von Abgeordneten hat Gandrud diese Gründe gefunden:

Unverhältnismäßige Machtverteilung
Je ungerechter das Verhältnis der Wählerstimmen auf die Vertreter des Parlaments übertragen wird, desto wahrscheinlicher ist parlamentarische Gewalt. Wenn das Wahlsystem also die faire Verteilung von Sitzen garantiert, kommt es zu weniger Schlägereien. Gandrud begründet das damit, dass

”
Je ungerechter das Verhältnis der Wählerstimmen auf die Vertreter des Parlaments übertragen wird, desto wahrscheinlicher ist parlamentarische Gewalt
“

(3) Chan, Sewell; Gall, Carlotta: Kosovo Opposition Releases Tear Gas in Parliament, auf: nytimes.com (19.2.2016).

(4) Gandrud, Christopher: Two sword lengths apart: Credible commitment problems and physical violence in democratic national legislatures, in: Journal of Peace Research 53(1) 2015, S. 130-145.

(5)BBC (Hg.): Two sword lengths, auf: news.bbc.co.uk (18.11.1999).

Länder, in denen im Nationalparlament Gewalt ausgebrochen ist, und „Kampfmethode“

1928-2024, Auswahl

(6) Der verwendete Polity-IV-Index ist umstritten, weil er lediglich beobachtet, was in einer Verfassung steht, aber nicht, wie es in der Realität umgesetzt wird. Gandrud hat für die Studie alle Wertungen ab „5“ als Demokratien kategorisiert.

die politischen Akteure grundsätzlich an Fairness interessiert sind und ein Parlament, das die Wähler inkorrekt repräsentiert, eine offene Absage an die Fairness von Wahlen darstellt. Wer sich unfair behandelt fühlt, hat auch kein Problem damit, die Regeln derer, die unfair handeln, zu brechen und unparlamentarische Mittel einzusetzen.

Alte und neue Demokratien

Je jünger eine Demokratie, desto wahrscheinlicher

ist Gewalt im Parlament. Gandrud hat für diese Analyse einen Index[6] gewählt, der Verfassungen auf ihre demokratischen Gehalt prüft. Sein eigener Datensatz umfasst 131 gewalttätige Vorfälle in Parlamenten, die zwischen 1981 und 2012 stattfanden. Über 60 Prozent aller Fälle fanden in nur sieben Ländern statt: in Indien, Italien, Mexiko, Südkorea, Taiwan, der Türkei und der Ukraine.

Gandruds Daten zeigen: In jungen Demokratien besteht eine neunprozentige Wahrscheinlichkeit, dass im Parlament Gewalt ausbricht. Bereits nach drei bis fünf Jahren sinkt die Wahrscheinlichkeit auf fünf Prozent. Die Kurve geht dann zwar weniger stark, aber dafür stetig nach unten, bis sie nach 75 Jahren der Demokratie eine Wahrscheinlichkeit von 2,5 Prozent erreicht.

Erklärt wird das Phänomen damit, dass in jungen Demokratie die Regeln und Prozesse noch leichter verändert werden können. Ein neues System bringt es mit sich, dass noch nicht alle Vorgänge und Regeln von den Parlamentariern abgestimmt und eingeübt sind. Deshalb ist es einfacher, auch neue Ideen und Prozesse auszuprobieren – darunter fällt auch die Anwendung von Gewalt. Alte Systeme hingegen sind eingespielte Systeme – alle haben sich an sie gewöhnt und eine Regelmissachtung erscheint dann schon aus traditionellen Gründen unangebracht.

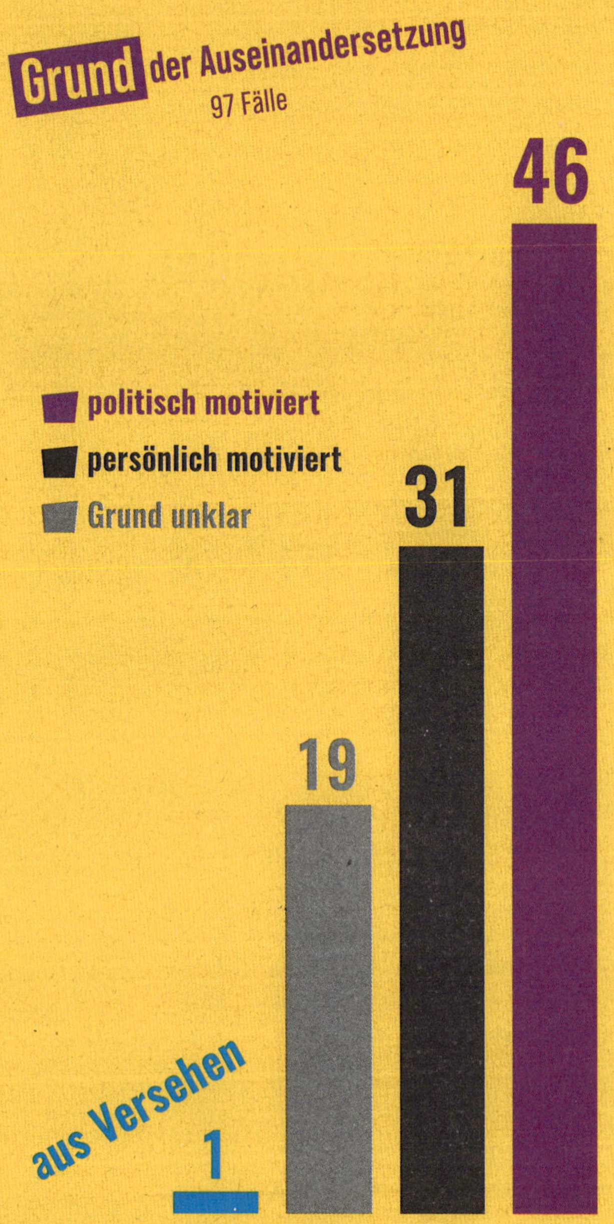

Die Wissenschaftler vermuten auch, dass sich in jungen Demokratien deshalb vermehrt Gewalt im Parlament ereignet, weil die ersten demokratischen Kräfte zunächst die Wahlmodalitäten festlegen. Diese können bestimmte Parteien benachteiligen. Die These lautet hier: Neue Wahlregeln bringen auch immer neue Verlierer hervor. Dieser Moment der Umstellung kann Ausschreitungen im Parlament provozieren.

Junge Demokratien haben häufig einen politischen Wechsel hinter sich und befinden sich in einem wirtschaftlichen und demografischen Wandel. Heftige Schwankungen in diesen elementaren Bereichen können dazu führen, dass sich die Gesellschaft schneller verändert, als es Wahlen abbilden können. Die Gesellschaft kann also einen anderen Takt haben als die Demokratie. In diesem Fall werden die politischen Interessen der Bürger nicht ausreichend proportional in das Parlament übertragen, wodurch wiederum eine unverhältnismäßige Machtverteilung entsteht.

Deutschland: Erst durchs Fenster, dann die Treppe runter

Im Nachkriegsdeutschland wird es dann deutlich ruhiger. Prügeleien gibt es im Deutschen Bundestag erst einmal nicht mehr. Eine gewaltsame Szene ereignet sich aber dennoch und zwar 1950, zu einer Zeit, als die deutsche Demokratie erst ein Jahr alt ist.

Am 10. März 1950 wird der Parlamentarier Wolfgang Hedler (ehemals NSDAP, nun Deutsche Partei) von Herbert Wehner und Rudolf-Ernst Heiland (beide SPD) erst durch eine geschlossene Glasscheibe und anschließend eine Treppe heruntergestoßen. Hedler ist vorher vom Bundestagspräsidenten wegen ständigen Störens von der Sitzung ausgeschlossen worden, nach kurzer Zeit aber wieder zurückgekommen. Die beiden SPD-Abgeordneten übernehmen deshalb die Aufgabe des Sicherheitspersonals des Bundestages und stürmten auf Hedler zu. Auch sie werden daraufhin für eine Woche des Bundestages verwiesen.

> Neue Wahlregeln bringen auch immer neue Verlierer hervor. Dieser Moment der Umstellung kann Ausschreitungen im Parlament provozieren

Phoenix war damals leider noch nicht mit einer Kamera vor Ort. Deshalb ist nicht genau bekannt, wie Wehner und Heiland Hedler angriffen – ob sie ihn verprügelten, schubsten oder nur vor sich hertrieben, weiß niemand ganz genau.

Dabei war das nicht die erste gewaltsame Auseinandersetzung unter Politiker in Deutschland. Nach einer Streiterei im Preußischen Landtag verabredeten sich Otto von Bismarck und Georg von Vincke bereits in der Mitte des 19. Jahrunderts zu einem Pistolenduell. Beide schossen daneben. Von Vincke erklärte den Vorfall so: Da Bismarck ihm einen Mangel an Erziehung vorgeworfen habe, sei ihm nichts anderes übrig geblieben.

Die *Berliner Nationalzeitung* berichtete am 26. März 1852 mit ironischem Unterton über das Duell: „Wie erzählt wird, hätte diesen Vormittag zwischen zwei bekannten Kammermitgliedern ein Duell stattgefunden, das infolge einer neulich stattgehabten parlamentarischen oder unparlamentarischen Debatte engagiert war. Wie hinzugefügt wird, wäre der Zweikampf so abgelaufen wie manche Kammerdebatten, das heißt, es wäre nichts dabei herausgekommen.“ Aber: Es gibt auch Gewalt in Parlamenten, die aus versehen entstanden ist. *#Elbowgate* – unter diesem Hashtag geht ein Vorfall im kanadischen Parlament am 18. Mai 2016 viral. Während einer Sitzung des Unterhauses kommt es zu einer körperlichen Auseinandersetzung zwischen Premierminister Justin Trudeau und zwei Vertretern der Opposition.

Videoaufnahmen zeigen, dass Trudeau den konservativen Abgeordneten Gord Brown etwas rüde am Arm packt und dabei versehentlich die neudemokratische Abgeordnete Ruth Ellen Brosseau mit dem Ellbogen in die Brust stößt. Trudeau entschuldigte sich anschließend für den Vorfall; er wurde nicht mit parlamentarischen Sanktionen belegt. Höchstwahrscheinlich hatte der Premier in seiner Erregung gar nicht mitbekommen, dass er die Kollegin gestoßen hatte.

BENJAMIN FREDRICH
KATAPULT

Wo koalieren AfD & NPD?

Die AfD hat eine Brandmauer zur NPD gezogen. Das geht aus der parteieigenen Unvereinbarkeitsliste (Stand 18.12.2023) hervor. Demnach darf niemand AfD-Mitglied sein, der zugleich in der NPD ist, die seit letztem Jahr *Die Heimat* heißt. Die Partei wird von der AfD dem Rechtsextremismus zugeordnet.

Koalitionen mit der *Heimat* sind aber offenbar erlaubt. Seit Juni bilden AfD-Abgeordnete mit ihr gemeinsame Fraktionen, und zwar in der brandenburgischen Stadt Lauchhammer sowie im Kreistag Oberspreewald-Lausitz. Im Kreistag heißt die Fraktion *Heimat & Zukunft*, in der Stadtverordnetenversammlung Lauchhammer *AfD plus*.

Man muss aber einräumen, dass das nicht allen AfD-Abgeordneten recht ist – also die Namensgebung. Denn die AfD plus soll sich auf Drängen der AfD umbenennen und den Parteinamen der AfD entfernen. Bei der Landtagswahl in Brandenburg wurde die AfD zweitstärkste Kraft, knapp hinter der SPD.

FRAGMENTE

Bevölkerung 1962: etwa 1.400

heute: 5

UMWELTKATASTROPHE

Diese Stadt brennt seit 62 Jahren

Es ist ein Tag im Mai des Jahres 1962. Die Gemeinde Centralia beauftragt die Feuerwehr, die örtliche Müllkippe zu bereinigen, und zwar noch vor dem Memorial Day Ende des Monats. Gesagt, getan: anzünden und fertig. In den 60ern war die Welt noch in Ordnung. Oder doch nicht?

Tage und Wochen nach dem Löschen der Reste treten hier und da immer wieder Brände auf. Bei ihrer Suche nach der Ursache finden die Feuerwehrleute ein Loch in der Müllhalde. Das Problem: Als Deponie hatte man einen alten Kohletagebau verwendet. Der war zuvor versiegelt worden, aber offenbar nicht gründlich genug. Und so hatte man nicht nur den Müll angezündet, sondern gleich noch die komplette Lagerstätte unter der Stadt. Denn besagtes Loch war direkt mit den unterirdischen Kohlevorkommen verbunden.

So lautet zumindest die wohl gängigste Theorie darüber, wie das Feuer ausgebrochen ist. Was unstrittig ist: Bis heute ist es nicht möglich, den Brand zu löschen. Bisherige Kosten für die Löschversuche: über 40 Millionen Dollar. Das Feuer hat die Gegend zudem quasi unbewohnbar gemacht: Es erhitzt den Boden, Straßen brechen auf und Rauch und giftiges Kohlenmonoxid dringen durch die Erde.

Diejenigen, die den Ort nicht schon selbständig verlassen hatten, wurden evakuiert oder zwangsumgesiedelt. 2013 entschieden die Behörden, dass die wenigen noch Ausharrenden dort wohnen bleiben dürfen. Das Ende des Feuers dürften sie aber nicht mehr erleben. Je nach Quelle wird davon ausgegangen, dass es noch 100 bis 300 Jahre weiterbrennen wird. Centralia ist jedoch keine Ausnahme. Allein in den USA lodern über 250 unterirdische Minenbrände (Stand September 2021). Der weltweit älteste sogenannte Kohlebrand befindet sich in Australien. Der **Mount Wingen**, auch Burning Mountain genannt, brennt seit schätzungsweise 6.000 Jahren.

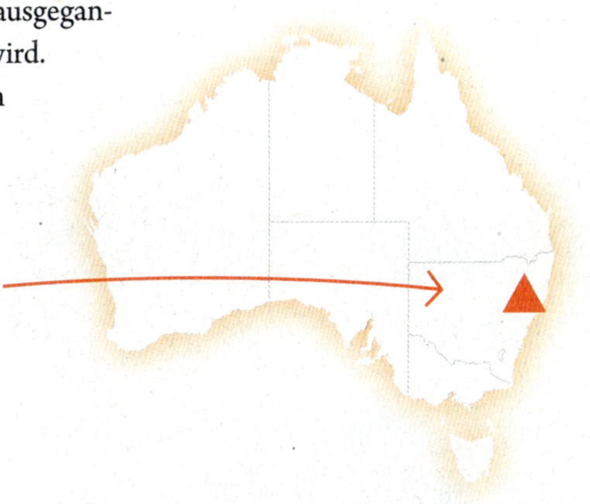

FRAGMENTE

Monowi, Nebraska
Bibliothek
Bar und Grill
Bürgermeisterin
Barkeeperin
Bibliothekarin
Sekretärin
Verwaltungsbeamtin
Sheriff
Stadtkämmerin
MONOWI

Die kleinste Stadt der USA

Bevölkerung: 1

Elsie Eiler ist 90, Bürgermeisterin der Stadt, leitet die Stadtbibliothek und betreibt das einzige Lokal im Ort. Sie zahlt sich selbst Steuern und hat sich selbst eine Ausschankgenehmigung erteilt.

Das mit der Ausschankgenehmigung lief wahrscheinlich so: Die Betreiberin der Bar, Elsie Eiler, stellte einen Antrag bei der Stadt, wo die Verwaltungsbeamtin Elsie Eiler diesen nach genauer Prüfung bewilligte, woraufhin ihre Sekretärin Frau Eiler die Genehmigung an Elsie Eiler, die Gaststättenbetreiberin, zurücksandte. Während sich die Stadtkämmerin (Elsie Eiler) über die zusätzlichen Einnahmen freute, ermittelte unterdessen Sheriff Eiler wegen des Verdachts der Korruption.

Tatsächlicher Hintergrund: Noch in den 1930ern lebten in Monowi gut 120 Menschen, die nach und nach abwanderten. Zuletzt starb 2004 Eilers Mann Rudy. Nach seinem Tod ließ sie die Bibliothek errichten und benannte sie nach ihm: Rudi's Library. Elsie ist aufgrund dieser ganzen Geschichte mittlerweile sehr bekannt und hat entsprechend viele Gäste in ihrem Lokal. So ist sie vermutlich weniger einsam, als es zunächst den Anschein erwecken könnte.

GESCHICHTE ODER MÄRCHEN?

Wie Alaska fast an Liechtenstein verkauft worden wäre

Alaska ist rund 11.000-mal so groß wie Liechtenstein. Und doch hätte das kleine Fürstentum das Gebiet einmal fast gekauft!

Um 1860 gehörte Alaska noch zum Russischen Kaiserreich. Das sah damals ungefähr so aus. Etwa 100 Jahre zuvor hatte Russland begonnen, sich den nordwestlichen Zipfel Nordamerikas anzueignen. Doch nun wollte Zar Alexander II. Alaska verkaufen. Das Land brachte zu wenig ein und war gleichzeitig schlecht zu halten. Sollte Großbritannien, das bereits Kanada eingenommen und gegen das Russland gerade den Krimkrieg verloren hatte, das Gebiet ebenfalls beanspruchen, würde es dem nichts entgegensetzen können.

Also wurde Alaska 1867 an die USA verkauft – Preis: 7,2 Millionen Dollar. Zu jener Zeit unterhielten Russland und die USA gute diplomatische und wirtschaftliche Beziehungen. Zudem einte sie ihre Feindschaft zum Vereinigten Königreich, dessen höheres Kaufangebot Russland abgelehnt hatte. Die USA erkannten das wirtschaftliche Potenzial Alaskas. Später wurden dort tatsächlich große Erdöl- und Goldvorkommen entdeckt.

Erst vor wenigen Jahren kam das Gerücht auf, Russland hätte zuerst dem Liechtensteiner Fürstenhaus angeboten, Alaska zu kaufen. Fürst Hans-Adam II., Staatsoberhaupt Liechtensteins, bestätigte das – obgleich er keine schriftlichen Belege liefern könne. Sein Hauptargument: Der Bruder des damaligen Liechtensteiner Fürsten und dessen Nachfolger, Franz I., war Botschafter in **Sankt Petersburg** und habe „sehr gute Beziehungen zur Zarenfamilie gehabt". Was dabei unerwähnt blieb: Als Alaska verkauft wurde, war Franz I. gerade mal 13 Jahre alt. Erst knapp 30 Jahre später kam er nach Petersburg. Zar war damals bereits Nikolaus II., Enkel von Alexander II. Am Ende steht also ein großes „Angeblich".

FLÜCHTLINGSPOLITIK

Wieso will Europa ausgerechnet nach Ruanda abschieben?

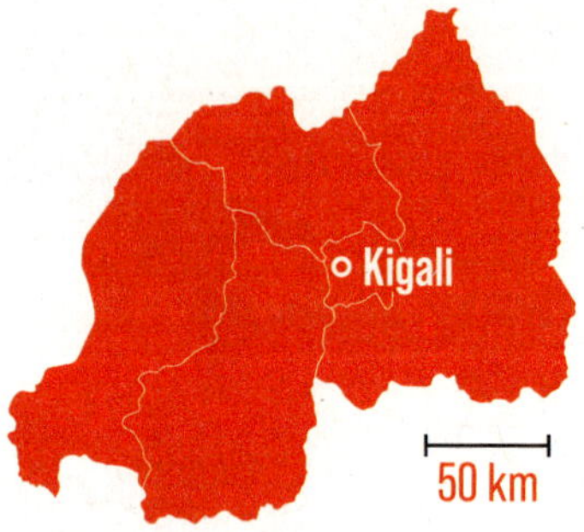

Während der neue britische Premierminister das umstrittene Vorgehen der Vorgängerregierung gestoppt hat, Geflüchtete nach Ruanda abzuschieben, wird dieser Ansatz in Deutschland nach wie vor diskutiert. Bereits seit Monaten fordern Politiker von Union, AfD, aber auch der regierenden FDP, ein entsprechendes Abkommen mit Ruanda zu schließen.

Auch Dänemark wollte noch bis letztes Jahr Asylsuchende dorthin schicken. Israel hat das zwischen 2013 und 2018 mit mehreren Tausend Menschen umgesetzt. Und seit 2019 nimmt Ruanda Geflüchtete aus unterschiedlichen Ländern auf, die aus Libyen evakuiert werden. Initiiert hat das das Flüchtlingshilfswerk der Vereinten Nationen gemeinsam mit der Afrikanischen Union.

Sollen Asylsuchende aus den Industrienationen ferngehalten werden, taucht also immer wieder der Name des ostafrikanischen Staates auf. Warum ist das so? Dass einige Länder Flüchtlinge ausgerechnet nach Ruanda abschieben oder es in Betracht ziehen, hat verschiedene Gründe.

Zunächst die geografische Lage: Das Land liegt außerhalb Europas und zudem noch einigermaßen weit davon entfernt. Das macht es für eine solche Drittstaatenlösung interessant, weil man sich einerseits eine abschreckende Wirkung verspricht und andererseits das weitere Asylgeschehen außerhalb der öffentlichen Wahrnehmung hält. Dann Ruandas positives Image: In den letzten Jahren hat sich die Republik als aufstrebendes, sich entwickelndes Land zeigen können, das als afrikanisches Erfolgsbeispiel gilt. Die Korruption ist vergleichsweise niedrig, die Armutsquote gesunken, genauso wie die Mütter- und Säuglingssterblichkeit, und die Lebenserwartung ist gestiegen. Diese positive internationale Wahrnehmung wird oft genutzt, um die Abschiebeabkommen politisch zu rechtfertigen.

Zudem wird Ruanda von vielen als sicher eingestuft. Die Asylsuchenden dürfen sich dort frei bewegen und müssen nicht in Lagern leben. Sie dürfen arbeiten, Unternehmen anmelden und Bankkonten eröffnen.

Und zuletzt hat sich Ruanda zu solchen Abkommen auch bereit erklärt. Nur: Was hat ein Land davon, das gerade einmal 13 Millionen Einwohnern zählt und nur etwas größer ist als Mecklenburg-Vorpommern?

Zunächst einmal geben die Vertragsstaaten Ruanda für jeden aufgenommenen Menschen Geld. Israel etwa zahlte pro Person 5.000 Dollar, Großbritannien versprach eine Pro-Kopf-Prämie von 20.000 Pfund – zuzüglich Entwicklungsgeldern in Höhe von 370 Millionen Pfund bis 2026, und zusätzlichen 120 Millionen Pfund, sobald 300 Menschen erfolgreich umgesiedelt worden wären, plus ein Integrationspaket, dass Ruanda pro Geflüchtetem noch einmal bis zu 150.000 Pfund eingebracht hätte.

Neben den Einnahmen dient Ruandas Bereitschaft, anderen Staaten Geflüchtete abzunehmen, auch seinem Ansehen in der internationalen Gemeinschaft. Das führt wiederum zu internationalen Investitionen, etwa durch die EU oder die USA. Jedes Jahr bekommt das Land über 900 Millionen Euro an Entwicklungshilfe. Das festigt auch die Position der Regierung im Land selbst.

Es sieht also alles nach einer Win-win-win-Situation aus: für Ruanda, die westlichen Vertragspartner und die Asylsuchenden. Letztere jedoch finden in Ruanda nicht das Paradies vor, das man sich bis hierhin vielleicht vorgestellt hat. Tatsächlich leben über 90 Prozent von ihnen in Flüchtlingslagern und von einer Nahrungsmittelhilfe von umgerechnet sieben Euro im Monat. Jobs gibt es für sie nicht.

Auch die Menschenrechtslage im Land wird immer wieder kritisiert. Immerhin wurde der „Ruanda-Asylplan“ auch in Großbritannien für rechtswidrig erklärt: Ruanda sei kein sicheres Herkunftsland, urteilte ein Gericht. Zudem bestünde die Gefahr, dass die Menschen von dort in ihre Heimatländer zurückgeschickt würden, aus denen sie geflohen sind. Das Urteil wurde im November 2023 vom britischen Obersten Gericht dann noch einmal bestätigt: Ruanda sei ein Staat, der seine Gegner „inhaftiert, foltert und ermordet“.

Auch der Demokratieindex des Magazins *Economist* bewertet das Land als autoritäres Regime. Präsident ist seit dem Jahr 2000 Paul Kagame, der es de facto aber bereits seit 1994 regiert; die Opposition wird unterdrückt. Das Land sieht sich zudem immer wieder der Kritik ausgesetzt, Konflikte bei seinen Nachbarn zu schüren und Aufständische zu unterstützen, um sich den Zugang zu wertvollen Rohstoffen zu sichern.

Angesichts des innenpolitischen Drucks wird das aber oft in Kauf genommen, wenn Abschiebungen nach Ruanda in Betracht gezogen werden. Großbritannien ließ sich seinen „Ruanda-Asylplan“ am Ende über 800 Millionen Euro kosten – nur vier Asylsuchende gingen im Rahmen dessen tatsächlich nach Ruanda.

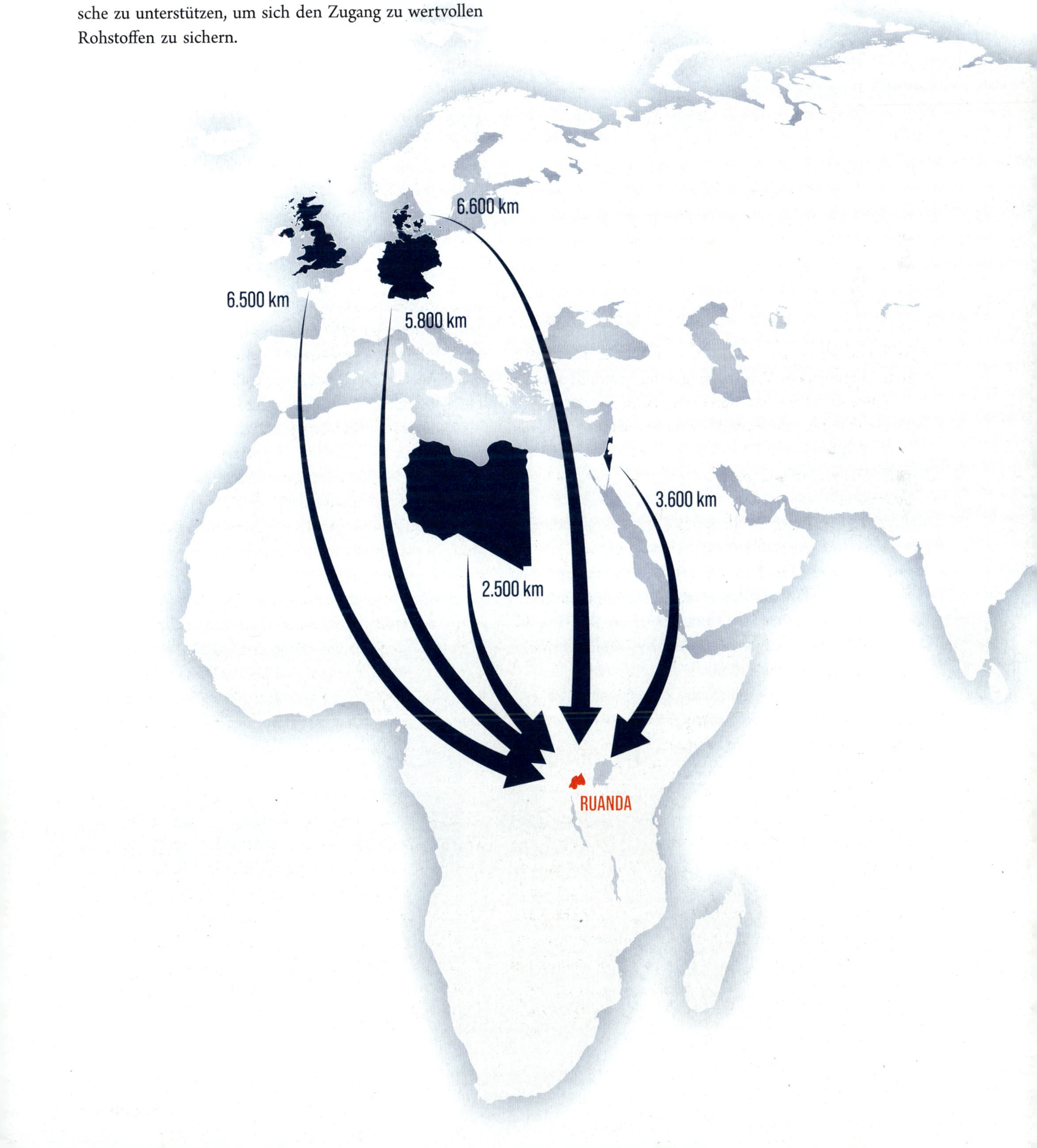

STUDIE

Von Umweltbewusstsein geleitetes Training lässt KI sozialer werden

Studie: „SustAInable: How Values in the Form of Individual Motivation Shape Algorithms' Outcomes. An Example Promoting Ecological and Social Sustainability" von Sarah Zabel und Siegmar Otto (Mai 2024)

Kurz: Wird künstliche Intelligenz von Menschen trainiert, die sich umweltfreundlich verhalten, trifft sie eher Entscheidungen zugunsten des Gemeinwohls.

Eine Studie der Universität Hohenheim hat untersucht, wie individuelle Werte wie Umweltbewusstsein und Gemeinnützigkeit die Ergebnisse von Algorithmen der künstlichen Intelligenz beeinflussen. Mithilfe eines simulierten Spamfilters sollten 766 Teilnehmende verschiedene E-Mails, darunter Nachrichten von Umwelt- und humanitären Organisationen, als Spam einstufen oder nicht.

Die Ergebnisse zeigen, dass Teilnehmende mit starkem Umweltbewusstsein deutlich seltener E-Mails von umwelt- oder wohltätigen Organisationen als Spam betrachteten und aussortierten. Diese Personen neigten dazu, den Spamfilter so zu trainieren, dass er eher gemeinwohlorientierte Entscheidungen traf. Interessanterweise hatte eine gemeinnützige Motivation der Proband:innen, die eigentlich auf positive soziale Verhaltensweisen hinweisen sollte, keinen signifikanten Einfluss auf die Klassifizierung der E-Mails.

Die Studie unterstreicht, wie stark die persönlichen Werte der Menschen, die Algorithmen trainieren oder entwickeln, deren Ergebnis beeinflussen können. Ein starkes Umweltbewusstsein wirkt sich also nicht nur auf persönliche Entscheidungen aus, sondern auch auf technologische Prozesse wie Algorithmen, die täglich genutzt werden. Die Erkenntnisse der Forschung könnten dazu beitragen, zukünftig nachhaltigere und sozialere Algorithmen zu entwickeln, die das Gemeinwohl fördern.

Studiendesign

Stil	Qualitativ
Dauer	Querschnitt
Erhebung	Fachjournal
Veröffentlichung	Experiment

TROCKNE

Instagram-Follower
von Bundeskanzler Olaf Scholz

233.000

Instagram-Follower
von Parfüm-Influencer Jeremy Fragrance

3.300.000

ZAHLEN

Die Geografie des Klimawandels

Seit der Klimawandel stärker ins öffentliche Bewusstsein gelangt ist, haben immer mehr Menschen von dem Begriff der Kipppunkte gehört: Ein Kipppunkt bezeichnet den Moment, an dem sich das Klimasystem der Erde plötzlich und unumkehrbar verändert. Seit den frühen 2000er-Jahren hat die Klimaforschung überdies sogenannte Kippelemente definiert, einen Begriff, der in der Öffentlichkeit vielleicht weniger bekannt ist. Dabei handelt es sich um wichtige Einzelbestandteile des Klimasystems, die einen entscheidenden Einfluss auf dessen Veränderung haben. Auch diese Kippelemente weisen ein Schwellenverhalten auf, also ein unumkehrbares Umschlagen ab einem gewissen Punkt.

Aktuell geht die Forschung von 16 Kippelementen aus: neun Kern- und sieben regionale Kippelementen. Die Kernkippelemente tragen wesentlich zum Funktionieren des Erdklimasystems bei und werden daher auch globale Kippelemente genannt. Die Auswirkungen der regionalen Kippelemente haben vor allem einen räumlich begrenzten Effekt. Ein Beispiel hierfür ist eine mögliche Veränderung des Westafrikanischen Monsunsystems: In der Sahelzone – dem Gebiet zwischen der Wüste Sahara im Norden und der Trockensavanne im Süden – könnten erhöhte Niederschlagsmengen dazu führen, dass dieser eigentlich trockene Bereich ergrünt. Das hätte einen bedeutenden Einfluss auf die Region, nicht aber auf das globale Klimasystem. Zugleich ist es ein Beispiel für eine möglicherweise positive Veränderung.

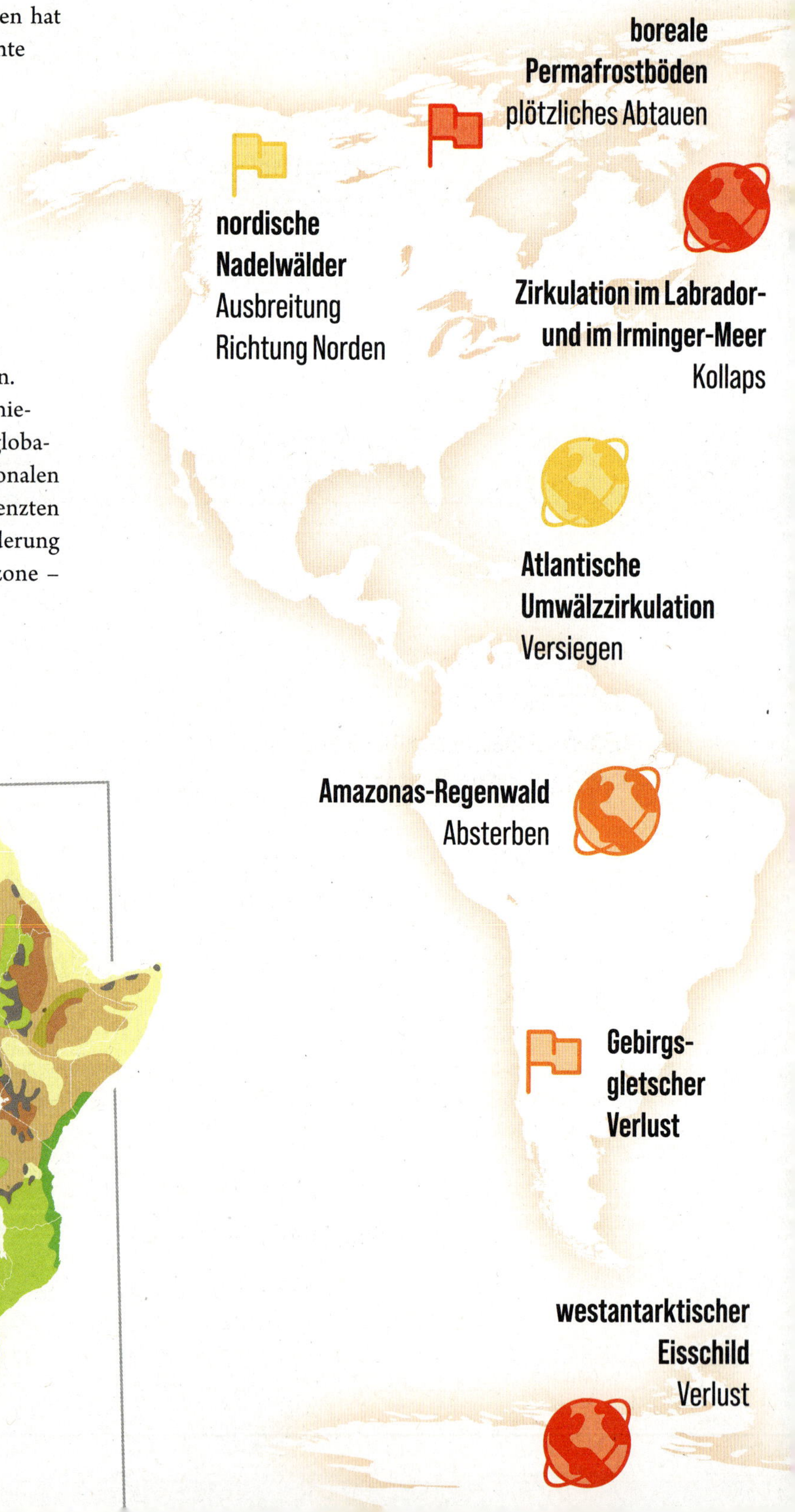

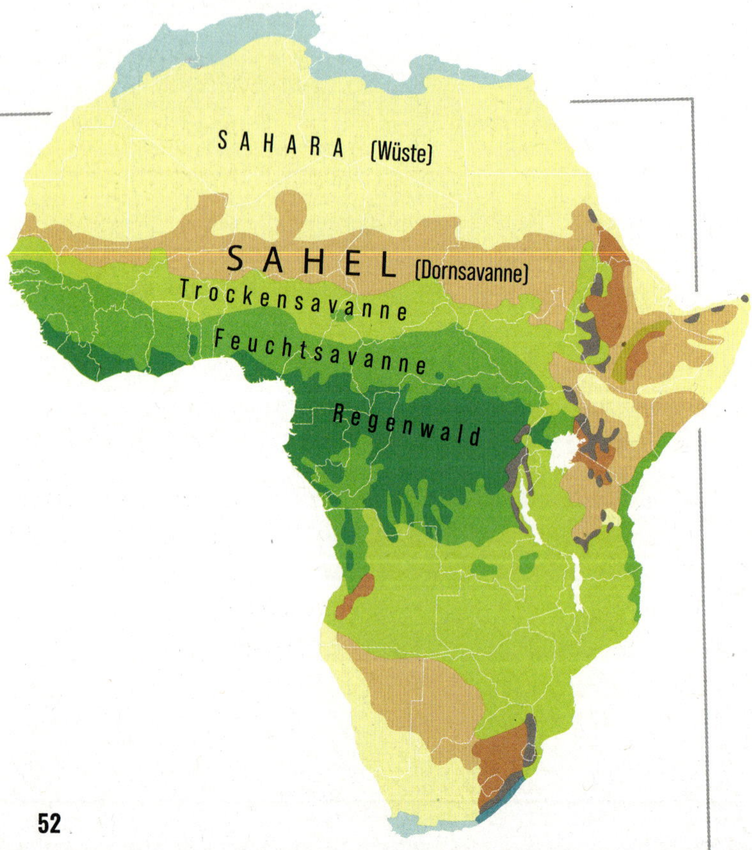

Kippelemente

Kernkippelement

regionales Kippelement

Kippen wahrscheinlich bei einer globalen Erwärmung von

- 1,5 bis unter 2 °C
- 2 bis 3,7 °C
- 3,7 bis 6 °C
- mehr als 6 °C

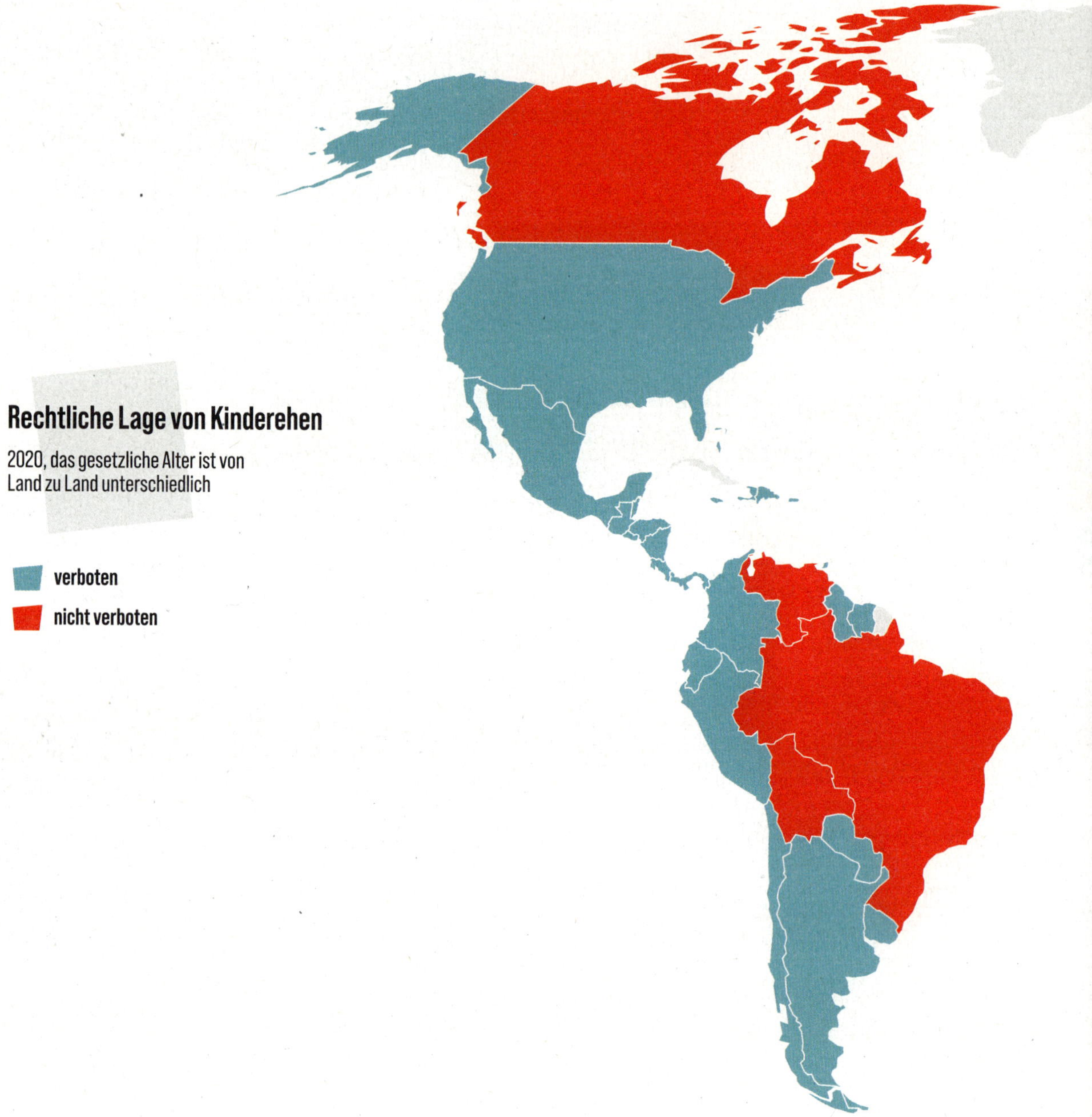

ZWANGSEHEN

Der Trick mit dem Löffel

Aktuell leben schätzungsweise 640 Millionen Mädchen und Frauen, die vor ihrem 18. Geburtstag verheiratet wurden. Laut dem UN-Kinderhilfswerk Unicef kommen jährlich zwölf Millionen dazu. Kinderehen und Zwangsheiraten sind ein weltweites Problem, auch in westlichen Gesellschaften. Vor allem in ärmeren Ländern spielt dabei das Brautgeld, das die Familie des Mädchens erhält, eine entscheidende Rolle. Oder die Mädchen sollen durch die Verheiratung vermeintlich vor sexualisierter Gewalt geschützt werden, beispielsweise vor einer Flucht. Weil in dieser Vorstellung weibliche Sexualität nur innerhalb der Ehe geduldet wird, dient die Heirat auch dem Erhalt der Familienehre.

Obwohl es gesetzlich verboten ist, werden Minderjährige aus streng patriarchalischen Familien auch hierzulande zur Heirat gezwungen. Manchmal werden sie dafür sogar ins Ausland

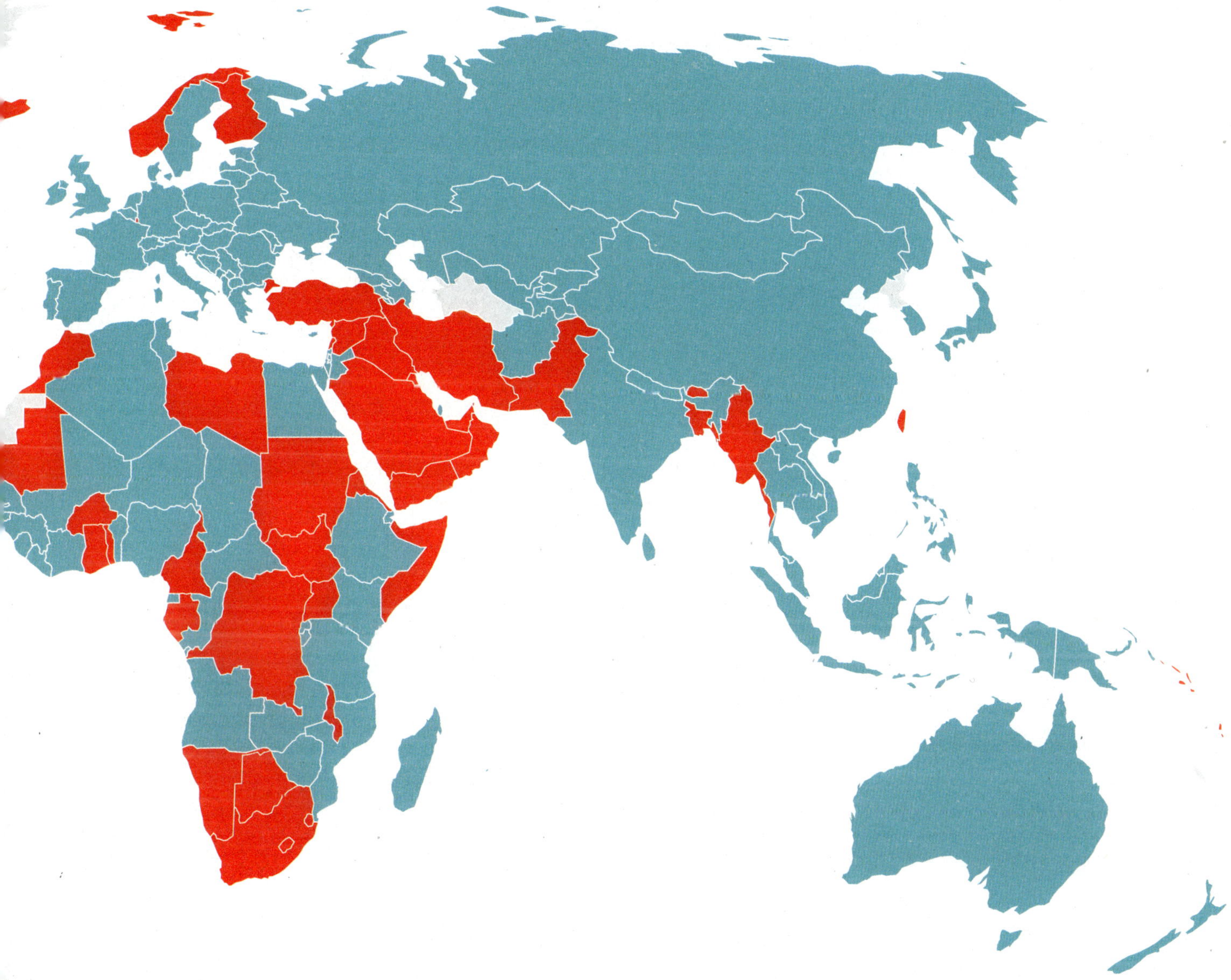

verschleppt. Seit einigen Jahren berichten Medien in diesem Zusammenhang immer wieder vom sogenannten Löffeltrick: Mädchen, die befürchten, für eine Zwangsheirat ins Ausland gebracht zu werden, könnten als letzten Ausweg einen Löffel in ihrer Unterhose verstecken. Am Flughafen würden die Metalldetektoren anschlagen, woraufhin die Betroffenen sich bei einer gesonderten Kontrolle dem Flughafenpersonal anvertrauen könnten, um in Sicherheit zu gelangen. 2011 soll dieser Ratschlag das erste Mal von der britischen Menschenrechtsorganisation *Karma Nirvana* gegeben worden sein.

Wie viel das mit der Realität zu tun hat, ist nicht bekannt und wird gelegentlich auch infrage gestellt. Denn es gibt weder genaue Zahlen zu vollzogenen Zwangsverheiratungen noch zu derartig geglückten Fluchtversuchen. Wofür der Löffeltrick aber sicher taugt, ist, die Gesellschaft für die Problematik zu sensibilisieren. Deshalb bieten Hilfsorganisationen wie *Papatya* oder *Terre des Femmes* Betroffenen nicht nur Hilfe an, sondern leisten auch Aufklärungsarbeit, beispielsweise an Schulen. Betroffene können sich anonym Hilfe suchen, etwa auf **zwangsheirat.de** oder auf **onlineberatung-sibel.assisto.online**.

STUDIE

Schlechte Noten durch gutes Aussehen

Studie: „Beautiful inside and out: Peer characteristics and academic performance" von Effrosyni Adamopoulou und Ezgi Kaya (Januar 2024)

Kurz: Männliche Schüler erhalten schlechtere Noten, wenn ihre Mitschüler attraktiver sind – ein Effekt, der bei Schülerinnen nicht auftritt.

In einer Welt, in der Schönheit oft als Schlüssel zum Erfolg gilt, zeigt eine neue Studie das Gegenteil: Es sind vor allem männliche Schüler, die unter dem Druck leiden und schlechtere Noten erhalten, wenn ihre männlichen Mitschüler als attraktiv wahrgenommen werden.

Ein Forschungsteam des Leibniz-Zentrums für Europäische Wirtschaftsforschung Mannheim und der Universität Cardiff analysierte anhand von Daten von über 3.000 US-Schülern und -Schülerinnen der Klassen sieben bis zwölf, wie sowohl die eigene als auch die von anderen wahrgenommene körperliche und charakterliche Attraktivität die schulische Laufbahn beeinflusst. Dabei wurde deutlich, dass männliche Schüler schlechter benotet wurden, sobald der Anteil der körperlich attraktiven Gleichaltrigen stieg. Der vermutete Grund? Ihr Selbstbewusstsein litt unter diesem Druck, und damit auch ihre schulischen Leistungen. Bei den Mädchen war dieser Effekt dagegen nicht zu beobachten. Während wie bei den Jungen die sogenannte charakterliche Attraktivität – als wie sympathisch sie von anderen wahrgenommen werden – durchaus mit besseren Noten zusammenhing, spielt die körperliche Attraktivität ihrer Bezugsgruppe keine Rolle. Ob die Freundinnen hübsch waren oder nicht, beeinflusste ihre schulischen Leistungen nicht. Nicht so bei ihren Mitschülern: Auch hier zeigte sich zwar, dass gutaussehende Jungs tendenziell bessere Noten bekamen. Paradoxerweise sanken ihre Leistungen jedoch, wenn sie von attraktiveren männlichen Mitschülern umgeben waren – so stark, dass die Chancen, später eine Universität zu besuchen, sich um drei Prozentpunkte verringerten, wenn die körperliche Attraktivität der anderen Jungen um zehn Prozentpunkte stieg. Die Studie zeigt damit erstmals, dass Schönheit nicht nur im Berufsleben, sondern bereits in der Schule einen Einfluss haben kann.

Die Daten stammen aus einer Längsschnittstudie mit Stichproben von über 90.000 Schülerinnen und Schülern der Klassen sieben bis zwölf an amerikanischen Middle und High Schools. In mehreren Wellen von 1994 bis 2002 wurden anhand von Interviews Daten wie Einschätzungen zur eigenen körperlichen und charakterlichen Attraktivität und die der anderen gesammelt und von den Wissenschaftlern mit den schulischen Leistungen in Zusammenhang gesetzt.

Studiendesign

Stil	Qualitativ
Dauer	Längsschnitt
Erhebung	vorhandene Daten
Veröffentlichung	Fachzeitschrift

STUDIE

Videospiele: Hände weg vom Controller

Studie: „Transfer learning promotes acquisition of individual BCI skills" von Satyam Kumar, Hussein Alawieh, Frigyes S. Racz, Rawan Fakhreddine und José del R. Millán (Februar 2024)

Kurz: Gehirn-Computer-Schnittstellen ermöglichen gedankengesteuertes Videospielen. In Zukunft sollen auch Menschen mit Behinderungen von der Technik profitieren.

Ingenieure der Universität von Texas in Austin haben im Rahmen ihrer Forschung zu Gehirn-Computer-Schnittstellen ein Programm entwickelt, das Gamerfantasien wahr werden lässt: gedankengesteuertes Videospielen. Das Gaming ohne Controller funktioniert mithilfe einer mit Elektroden bestückten Kappe, die mit einem Computer verbunden ist, der die Signale des Gehirns in Spielhandlungen umsetzt. Dadurch sollen auch Menschen mit motorischen Einschränkungen zukünftig Videospiele spielen können.

Es wird sogar noch spannender: Das Programm „lernt" eigenständig. Das heißt, es muss nicht mehr auf jeden Benutzer einzeln zugeschnitten werden, sondern kann sich selbst immer wieder neu an die Spielenden anpassen. Bisher erforderten ähnliche Programme einen langwierigen Kalibrierungsprozess für jeden Nutzer, denn jedes Gehirn funktioniert anders. Die neue Schnittstelle dagegen ist in der Lage, die individuellen Bedürfnisse einzelner Nutzer zu erkennen und sich durch maschinelles Lernen an sie anzupassen. Das bedeutet: weniger Arbeits- und Zeitaufwand, dafür mehr Spaß für einen größeren Personenkreis.

Die Forschenden untersuchen weitere Einsatzbereiche von Geräten, die mithilfe von Gehirn-Computer-Schnittstellen gesteuert werden. Diese sollen die neuronale Plastizität der Nutzer, also die Fähigkeit ihres Gehirns, sich zu verändern und neu zu vernetzen, erhöhen. Auf lange Sicht soll die Gehirnfunktion von Patienten dadurch verbessert und ihr Leben erleichtert werden.

Während das Programm bisher an 18 Personen ohne Behinderungen getestet wurde, sollen die Tests im weiteren Verlauf auf Menschen mit motorischen Beeinträchtigungen ausgeweitet werden. Das langfristige Ziel: behinderten Menschen im Alltag helfen.

Studiendesign

Stil	Qualitativ
Dauer	vorhandene Daten
Erhebung	Fachjournal
Veröffentlichung	Experiment

TROCKNE

Strafe für Zigarette wegwerfen in Deutschland

10 bis 250 €

Strafe für Zigarette wegwerfen in Tennessee/USA

Abfall, der weniger als 2,3 Kilogramm wiegt, wird mit einer Geldstrafe von 50 Dollar, einer Freiheitsstrafe von bis zu 30 Tagen oder beidem und bis zu 40 Stunden gemeinnütziger Arbeit geahndet.

Das Gericht kann auch einen Arbeitseinsatz von bis zu acht Stunden in einem Recyclingzentrum verhängen.

ZAHLEN

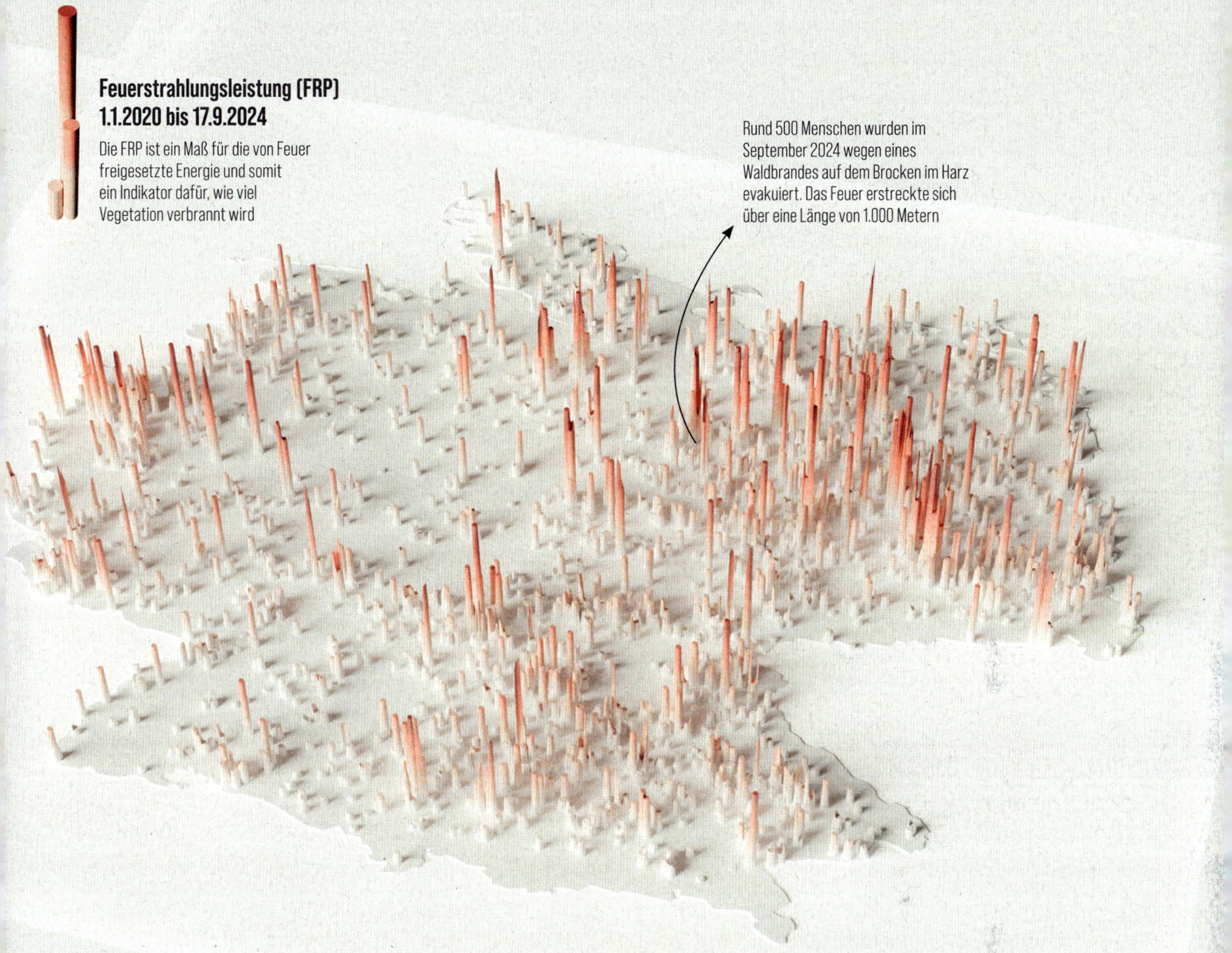

BRANDFORSCHUNG

Was macht Brandstiftungen zum perfekten Verbrechen?

Der Mensch ist für fast drei Viertel der Brände in der Natur verantwortlich, zündet Autos und sogar Häuser oder Geflüchtetenunterkünfte an. Die deutsche Rechtsordnung reagiert mit vergleichsweise empfindlichen Strafen auf die Brandstiftungen – doch der Großteil bleibt unaufgeklärt. Warum?

VON **ELLA DAUM**

Im Juli dieses Jahres brannte in Leipzig das Frachtzentrum des Logistikers DHL: Ein Brandsatz war in einem Paket von Unbekannten aus dem Baltikum verschickt worden. Das Päckchen war nicht das einzige, auch in andere europäische Länder wurden „unkonventionelle Brandsätze“[1] in Paketen verschickt. Russische Sabotage wird nicht ausgeschlossen – aber aufgeklärt ist der Brand noch nicht. Genauso wenig wie viele andere, die verse-

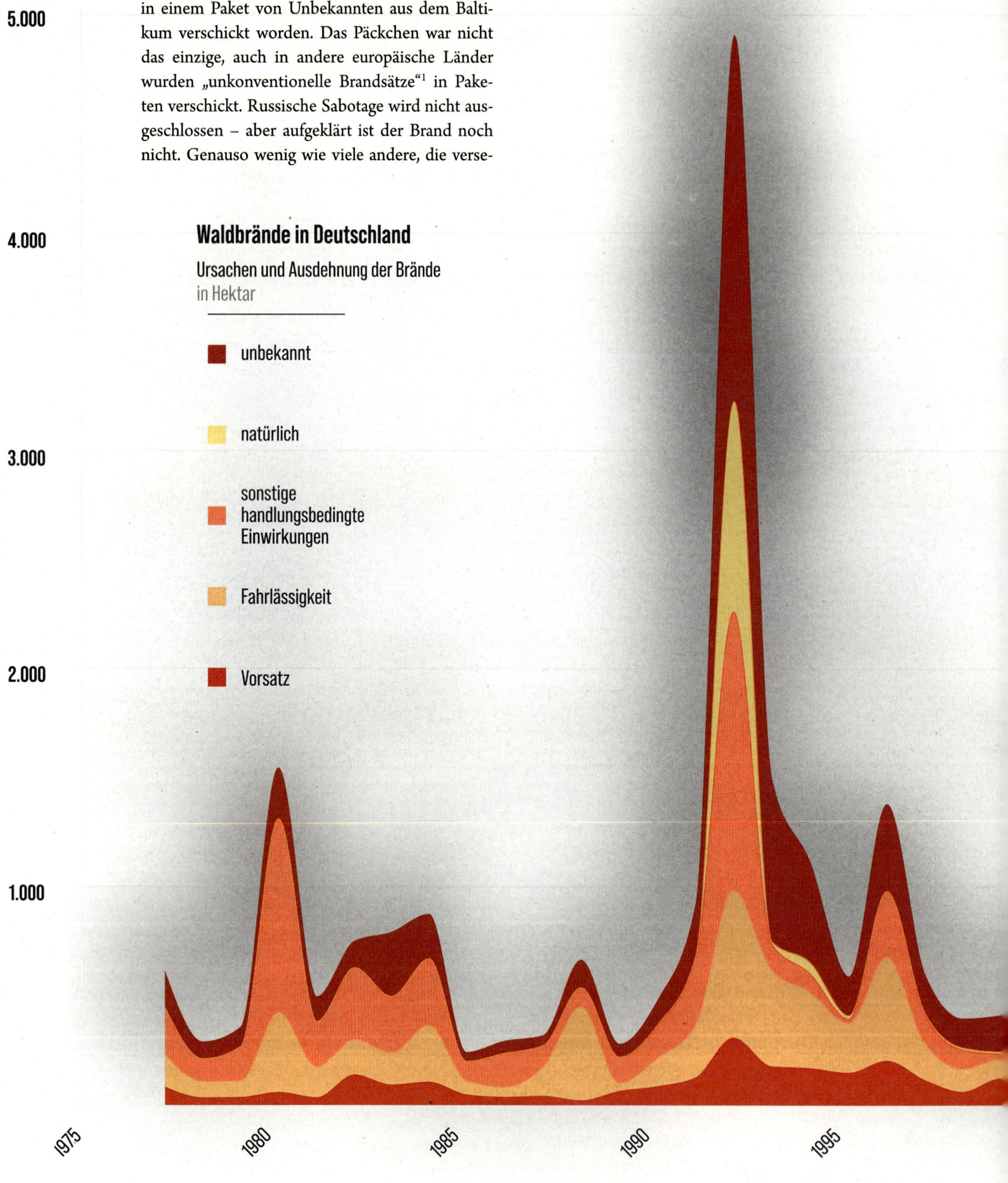

hentlich oder absichtlich in Deutschland verursacht wurden.

Im vergangenen Jahr wurden knapp 20.000 Fälle von Brandstiftung und Herbeiführen einer Brandgefahr erfasst. Zum Vergleich: Im gleichen Jahr gab es über 23.000 Fälle von Stalking, fast 130.000 erfasste Straftaten gegen die sexuelle Selbstbestimmung, genau 704 Morde und einen Fall von unerlaubtem Organhandel.[2]

Dabei brennen außer Paketen beispielsweise auch viele Wälder. Laut einem Bericht der Naturschutzorganisation WWF verursacht der Mensch 75 Prozent aller Feuer in der Natur, vor allem durch Brandstiftung.[3] Sie zerstören den Lebensraum Tausender Tiere, gefährden nahe liegende Wohngebiete und verursachen einen hohen CO_2-Ausstoß.

In Deutschland war das Jahr 2022 besonders intensiv: Fast 2.400 Brände zerstörten über 3.000 Hektar Wald, eine Fläche immerhin so groß wie 4.400 Fußballfelder. Und noch etwas war besonders: Mehr als ein Drittel dieser Fläche brannte, weil das Feuer vorsätzlich gelegt wurde.[4]

Leicht passiert, hoch gefährlich, schwer aufzuklären

Im Strafgesetzbuch sind die Brandstiftungsdelikte unter den „allgemeingefährlichen Straftaten" aufgelistet. Auch in anderen Rechtsordnungen, in Österreich und der Schweiz etwa, spiegelt sich im Gesetz die „Gemeingefahr", die „besondere Gefährlichkeit sowie Unberechenbarkeit des Zerstörungsmittels Feuer".

(1) Tagesschau (Hg.): Behörden warnen vor Brandsätzen in Paketen, auf: tagesschau.de (30.8.2024).

(2) Bundeskriminalamt (Hg.): Polizeiliche Kriminalstatistik 2023, auf: bka.de.

(3) WWF (Hg.): Waldbrände: ein natürliches Phänomen außer Kontrolle, auf: wwf.de (18.7.2022).

(4) Bundesministerium für Ernährung und Landwirtschaft (Hg.): Waldbrandstatistik der Bundesrepublik Deutschland für das Jahr 2022, auf: bmel-statistik.de.

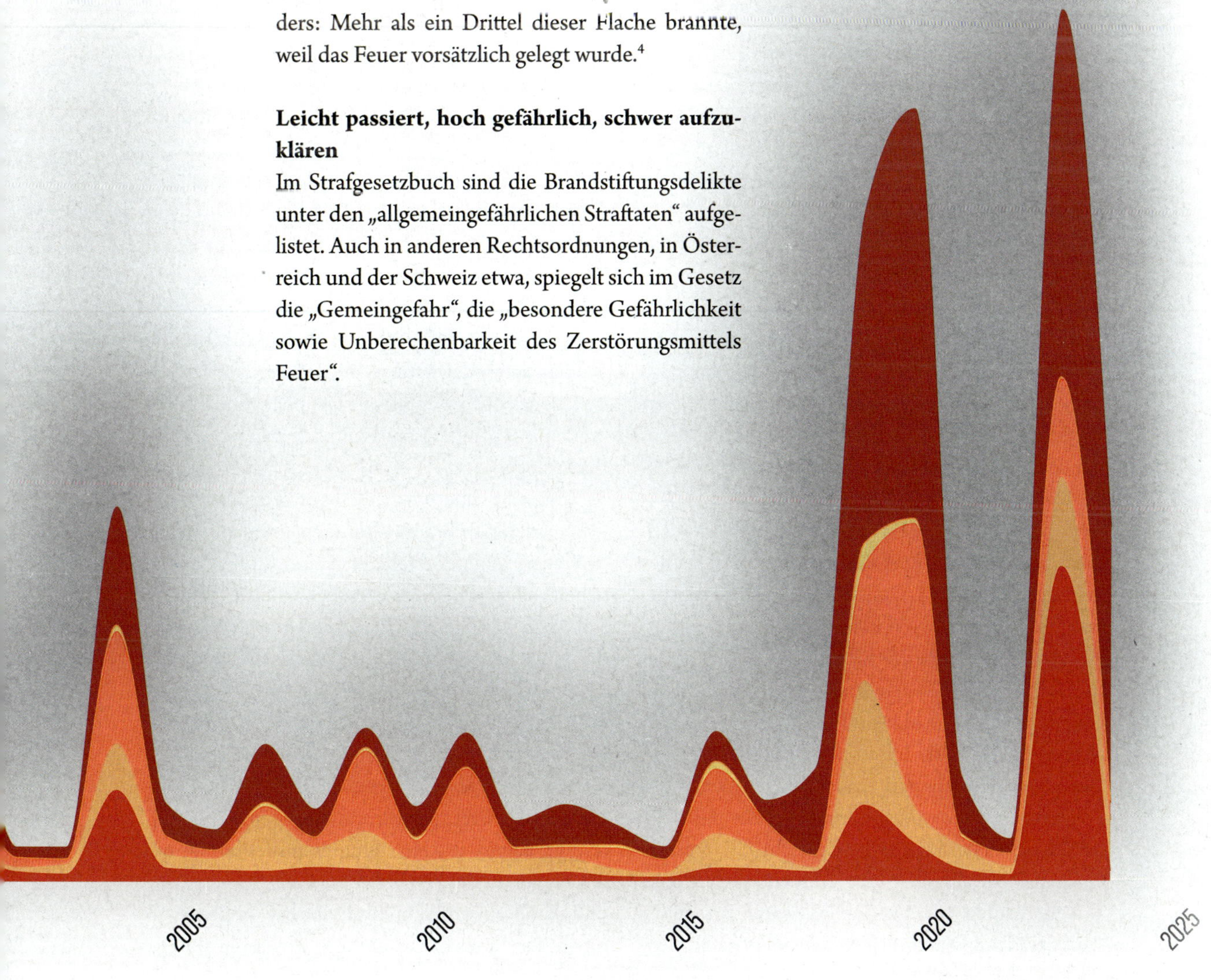

(5) BVerfG, Beschluss der 2. Kammer des Zweiten Senats vom 16. November 2010, 2 BvL 12/09, Rn. 80, auf: bundesverfassungsgericht.de.

(6) Das Strafgesetzbuch definiert in § 12 I den Begriff des Verbrechens. Danach ist ein Verbrechen eine Straftat, die im Mindestmaß mit einer Freiheitsstrafe von mindestens einem Jahr bedroht ist. Ein Delikt, bei der eine geringere Mindeststrafe angedroht wird, bezeichnet man nach § 12 II StGB hingegen als Vergehen

(7) Voss, Jens: Frauen verzichten auf Gang vors Gericht, auf: rp-online.de (14.12.2020).

(8) Weisemann, Stefan: „Wer nichts zu verlieren hat, ist gefährdet": Warum Brandstifter Feuer legen, auf: wdr.de (22.4.2024).

(9) Leber, Sebastian: In Polizeizelle verbrannt: Warum sich Oury Jalloh nicht selbst angezündet haben kann, auf: tagesspiegel.de (8.1.2021).

> „Im Nationalsozialismus erreichte die Bestrafung der Brandstiftung einen neuen Höhepunkt: Die Höchststrafe von lebenslänglichem Zuchthaus wurde in Todesstrafe umgewandelt"

Das heißt: Der Verlauf eines Brandes ist weder plan- noch lenkbar. Brennt erst mal ein Blatt, ist es schnell der ganze Baum und dann der Wald. Damit wird auch begründet, warum für Brandstiftungsdelikte vergleichsweise hohe Strafen vorgesehen sind.[5]

Schon einfache Brandstiftung wird mit Freiheitsentzug von einem bis zehn Jahren bestraft, obwohl sie „nur" als eine besondere Form der Sachbeschädigung gilt – bei der also etwa keine Menschen gefährdet werden. Damit ist sie ein Verbrechen, das heißt ein schwerer wiegendes Delikt als die bloßen Vergehen,[6] genauso wie ihre großen Schwestern, die schwere, besonders schwere und die Brandstiftung mit Todesfolge.

Brände müssen nicht absichtlich gelegt werden, das Strafgesetzbuch enthält auch die fahrlässige Begehung. Unter den erfassten Fällen von Brandstiftung und Herbeiführen einer Brandgefahr machte sie vergangenes Jahr 39 Prozent aus. Ein Beispiel aus jüngerer Zeit ist der Brand im Krefelder Zoo im Jahr 2020, bei dem viele Tiere starben, weil drei Frauen in der Nähe Himmelslaternen steigen ließen, die in dem Tierpark landeten.[7]

Schon die *Constitutio Criminalis Carolina* von 1532, das erste allgemeine deutsche Strafgesetzbuch, sah für „Brenner" die Todesstr afe auf dem Scheiterhaufen vor. Tatsächlich waren zu dieser Zeit gerade in Städten Feuer besonders gefährlich, breiteten sie sich in den engen Gassen mit Fachwerkhäusern doch rasend schnell aus.

Im Nationalsozialismus erreichte die Bestrafung der Brandstiftung einen neuen Höhepunkt: In Reaktion auf den Reichstagsbrand wurde mit der Reichstagsbrandverordnung vom 28. Februar 1933 die Höchststrafe von lebenslänglichem Zuchthaus in Todesstrafe umgewandelt. Mit ihren eigenen Brandstiftungen waren die Nationalsozialisten großzügiger – während der Novemberpogrome 1938 brannten Synagogen, jüdische Einrichtungen und Wohnungen. Keiner der Täter wurde strafrechtlich verfolgt.

Geringer Aufwand, große Wirkung

Feuer ist aber nicht nur besonders gefährlich, weil es unberechenbar, sondern auch weil es so einfach zu legen ist. Das betont Carl-Ernst von Schönfeld, leitender Arzt der Forensik im evangelischen Klinikum Bethel in Bielefeld. Ihm falle „keine andere Methode ein, bei der ich mit einem so geringen Aufwand eine so große Wirkung erzielen kann".[8] Ein Feuerzeug hat wohl jede und jeder zuhause.

Und: Viele Brandstifter sind Kinder und Jugendliche. Letztes Jahr waren in Deutschland ungefähr 21 Prozent der Tatverdächtigen minderjährig. Rund 30 Prozent waren unter 21 Jahre alt, und vier von fünf aller Tatverdächtigen männlich. Laut von Schönfeld kann es gerade für Kinder und Jugendliche faszinierend sein, „mit wenig viel bewegen zu können". Gleichzeitig sind aber gerade sie besonders gefährdet, Opfer von Bränden zu werden: Etwa jedes dritte Kind, das bei einer Brandstiftung umkommt, habe diesen Brand selbst gelegt, so der Psychologe.

Jung und überwiegend männlich. Hierin unterscheiden sich Brandstifter nicht von den Tatverdächtigen anderer Delikte. Brandstiftungsdelikte haben allerdings eine vergleichsweise niedrige Aufklärungsquote: 2023 wurden nur 46 Prozent der Fälle aufgeklärt. Bei Stalking beträgt die Aufklärungsquote fast 92 Prozent, bei Straftaten gegen die sexuelle Selbstbestimmung gut 83 Prozent und bei Straftaten gegen das Leben knapp 90 Prozent.

Der Tod Oury Jallohs etwa, der 2005 in einer Dessauer Polizeizelle verbrannte, wurde nie vollständig aufgeklärt. Hier ging es insbesondere um die Frage, ob der Asylbewerber selbst seine Zelle und damit auch sich angezündet hat – oder ob es die in der Tatnacht zuständigen Polizisten waren.[9]

Es bestehen bis heute etliche Ungereimtheiten. Justiz und Politik wurde vorgeworfen, an einer Aufklärung nur mäßig interessiert zu sein oder sie sogar zu verhindern. Ähnlich bei den vielen Brandstiftungen in Geflüchtetenunterkünften im Jahr 2015: Die Aufklärungsquote lag im Oktober jenes Jahres bei nur knapp 20 Prozent. Kritiker vermuteten auch hier fehlenden politischen Willen oder ein Versagen der Polizei, so Timo Reinfrank, Geschäftsführer der Amadeu-Antonio-Stiftung.[10]

Die Königsdisziplin der Kriminalpolizei

Tatsächlich ist es aber auch sehr schwer, den Ablauf von Brandstiftungen, vorsätzlich oder fahrlässig, nachzuvollziehen. Zu beweisen, was oder wer einen Brand verursacht hat, zählt deshalb zu den schwierigsten kriminaltechnischen Aufgaben überhaupt.[11] Die Brandursachenermittlung gilt als eine „Königsdisziplin der Kriminalpolizei".[12]

Das liegt zum einem daran, dass die Ursachen vielfältig sein können: natürliche Gründe wie Blitzeinschläge, sich selbst entzündende Materialien, technische Defekte, kabelnagende Marder, die einen Kurzschluss auslösen, oder eben Brandstiftung. Bei den Bränden in den Unterkünften für Geflüchtete kam hinzu, dass es sehr viele potenzielle Täter und Täterinnen gab, es handelte sich oft nicht um den „klassischen Rechtsextremisten", sondern um Menschen aus der „Mitte der Gesellschaft", meist ohne Vorstrafen.[13]

Vor allem aber zerstört das Feuer viele potenzielle Beweise oder sie sind kaum mehr zu verwerten. Ein Beispiel: Als im Mai dieses Jahres ein Brand beim deutschen Waffenhersteller Diehl in Berlin ausbrach, wurden die Aufzeichnungen der Überwachungskameras dabei vernichtet. Auch DNA-Spuren etwa, die sich am Tatort finden können, gehen dadurch oft verloren. Das ist ein Problem, das in der Kriminaltechnik und Schadensforschung einzigartig[14] und damit wohl auch der Hauptgrund für die niedrige Aufklärungsquote von Branddelikten ist.

(10) Maihofer, Giacomo: Viele Unbekannte, auf: taz.de (31.10.2015).

(11) HDT (Hg.): Ermittlung von Brandursachen: 5 Fragen an Michael Lock, auf: hdt.de (24.7.2023).

(12) Burkert, Gernot: Ermitteln in Schutt und Asche, S. 11, in: Öffentliche Sicherheit (September/Oktober 2020), auf: bmi.gv.at.

(13) Baars, Christian u.a.: „Biedermann als Brandstifter: Wer zündet Flüchtlingsheime an?", auf: ndr.de (17.9.2015).

Tatverdächtige Brandstiftung und Herbeiführen einer Brandgefahr, 2023

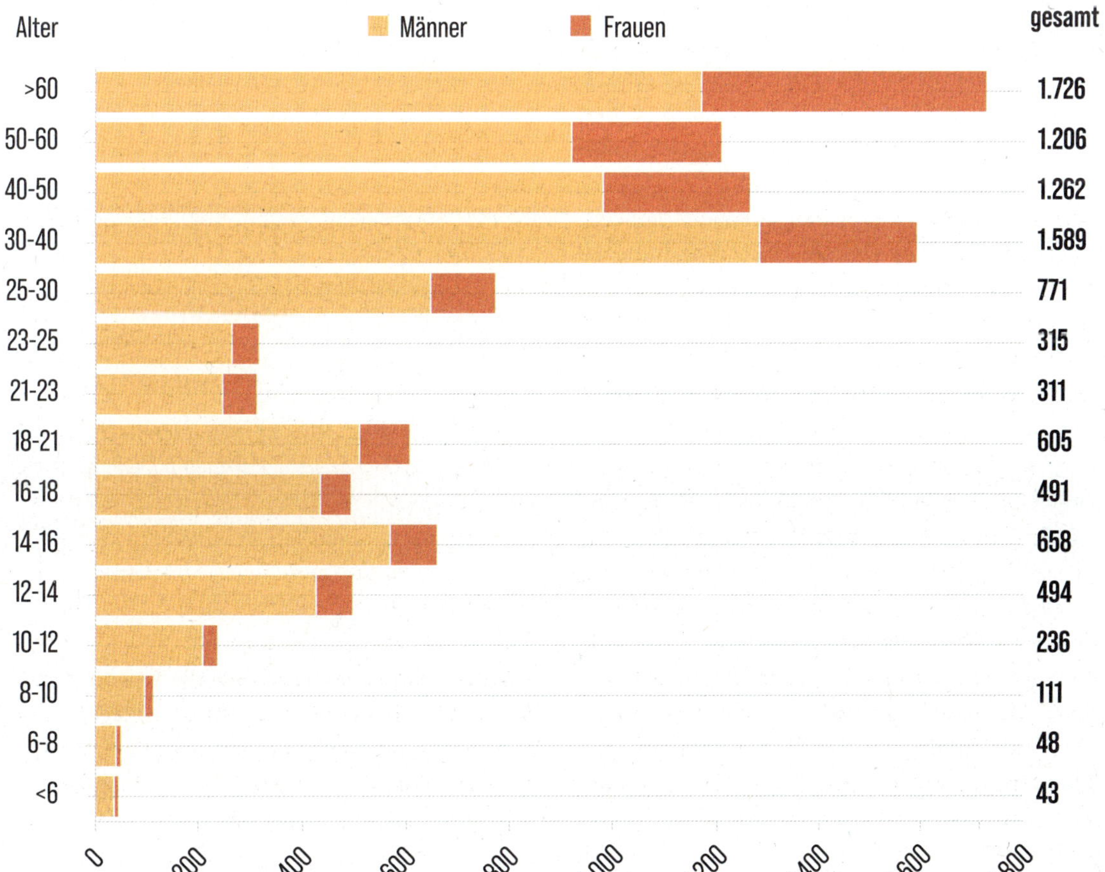

Brandstiftung und Herbeiführen einer Brandgefahr in Deutschland, 2023

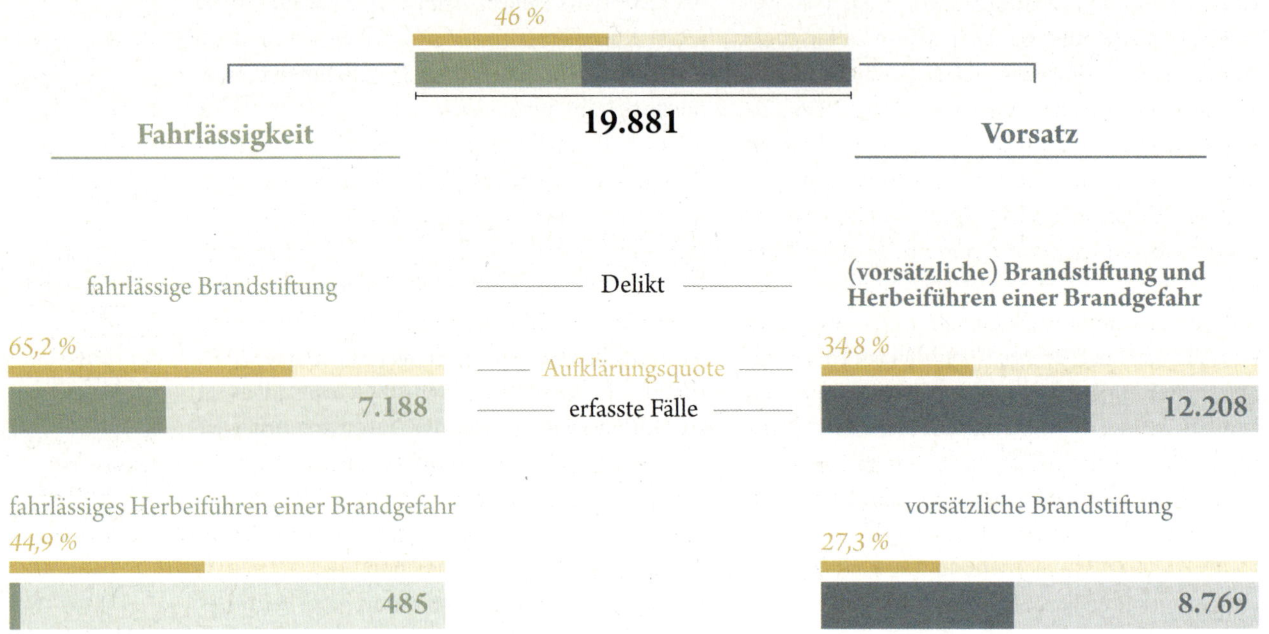

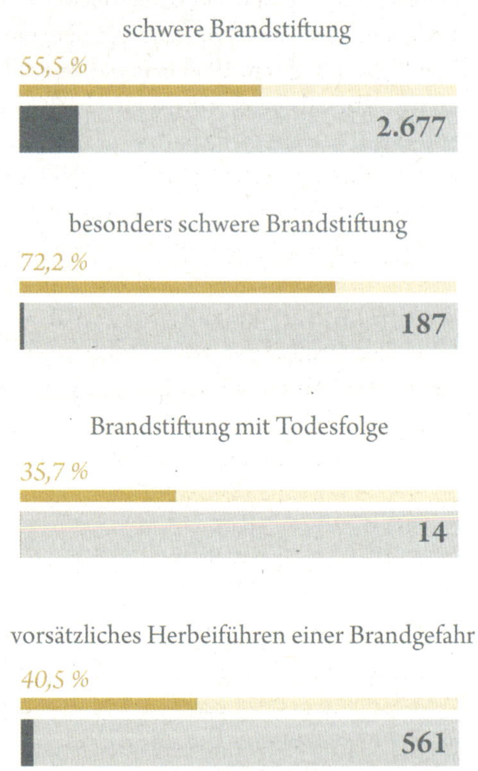

Zeitgemäße Ermittlungsmethoden unerlässlich

Leicht passiert, hoch gefährlich – aber sehr schwer aufzuklären. Ist Brandstiftung das „perfekte Verbrechen“? Die Frage stellt sich schon lange. Beim großen Brand Roms im Jahr 64 ist nicht sicher, ob tatsächlich Kaiser Nero den Brand gelegt hat oder ob er nur ein großer Unfall war. Genauso der Reichstagsbrand: Bis heute ist nicht aufgeklärt, wer das Gebäude tatsächlich anzündete.

Notwendig sind deshalb insbesondere moderne Ermittlungsmethoden. In Deutschland gibt es bei der Brandursachenermittlung allerdings keine offiziellen Vorgaben zur Methodik[15] – obwohl ein falscher Eingriff in das „brandveränderte und labile System der Spurenträger und Spuren“ diese unwiederbringlich ändern oder zerstören kann.[16] Die Vereinigung zur Förderung des Deutschen Brandschutzes (VFDB) hat deshalb 2013 einen methodischen Leitfaden für Ermittlungsbehörden, Gerichte und Sachverständige herausgegeben, um „Defiziten im deutschsprachigen Raum“ entgegenzuwirken. Der sei auch weiterhin aktuell, sagt der stellvertretende Leiter des Referats Brand- und Explosionsursachen, Andy Dorroch.

Auch Ausbildung, Aufgaben und erforderliche Qualifikationen von Brandursachenermittlern und Sachverständigen sind nicht einheitlich geregelt.[17] Sachverständige können sich an der IHK Darmstadt öffentlich bestellen und vereidigen lassen, so Dorroch – müssen sie aber nicht.

Welches Vorgehen bei den Ermittlungen als fachgerecht gilt, entwickelt sich außerdem dau-

(14) Steinbach, Klaus u.a.: Methodischer Leitfaden zur Brandursachenermittlung, 2. Auflage, Vorbemerkung, auf: vfdb.de (März 2013).

(15) Sachverständigenbüro Knorr (Hg.): Brandursachenermittlung, auf: brandermittlung.net.

(16) Steinbach u.a. 2013, Vorbemerkung.

(17) VFDB (Hg.): Merkblatt „Anforderungen an die Kompetenz von Brandermittlern und Sachverständigen für Brand- und Explosionsursachen“, auf: vfdb.de (September 2018).

ernd weiter. Im Jahr 2011 beispielsweise sah die US-amerikanische Feuerschutzvereinigung NFPA in einem Leitfaden vor, dass das Ausschlussverfahren keine verlässliche Methode sei, um eine Brandursache nachzuweisen, vielmehr müssten die Brandursachen positiv festgestellt werden.[18] Nach dem erstgenannten Verfahren sollen nach und nach alle denkbaren Möglichkeiten eines Brandes ausgeschlossen werden, bis nur noch wenige oder eine übrig bleibt. War es weder ein Blitz noch ein Kurzschluss, muss es Brandstiftung gewesen sein – vereinfacht ausgedrückt. Die deutsche VFDB beruft sich in ihrem nach wie vor gültigen Leitfaden von 2013 allerdings weiterhin auf diese Vorgehensweise, die „im Idealfall (...) zur Feststellung einer einzigen Ursache und somit zu einer eindeutigen Klärung der Ursache eines Brandes" führe.[19]

Nur mit modernen Methoden können auch „Brandstiftungsmythen"[20] aufgeklärt werden, die aus falschen Annahmen herrühren können. Das beweist etwa der Fall des „Lime street Fire" in den USA, der dort bahnbrechend für die moderne Brandermittlung war. 1990 brach in einem Wohnhaus in Jacksonville, Florida, ein Brand aus und tötete sechs Menschen. Am Tatort fanden die Ermittler typische Spuren von Brandbeschleuniger und bei dem und bei dem Bewohner, der den Brand allein mit seinem Sohn überlebte, einen Benzinkanister im Auto. Der Zusammenhang wurde schnell hergestellt und er wurde zum Hauptverdächtigen.

In einer groß angelegten Nachstellung in einem identisch präparierten Haus kam allerdings heraus, dass ein Brandbeschleuniger für den Verlauf des Feuers gar nicht notwendig war und die „typischen Spuren" mit und ohne Brandbeschleuniger entstanden.[21] Das Benzin im Auto des Hauptverdächtigen stand also nicht unbedingt mit dem Brand in Zusammenhang.

Im Fall Oury Jalloh kam bei verschiedenen Gutachten und Rekonstruktionen des Brandes – die letzte fand 2021 statt – genau das Gegenteil heraus: Ohne eine erhebliche Menge Brandbeschleuniger hätte sich niemals ein solches Feuer mit so starken Brandspuren entwickeln können. Der 36-Jährige hätte nicht nur das Feuerzeug, sondern auch Benzin in seine Arrestzelle im Keller des Dessauer Polizeireviers schmuggeln müssen, was eher unwahrscheinlich ist. Die Untersuchung stützt also die These, dass die Polizisten ihn mit Brandbeschleuniger überschüttet und angezündet haben.[22]

Das konnte nur durch die Nachstellung ermittelt werden. Hierfür wurde Jallohs Zelle originalgetreu nachgebaut. Ein sehr aufwendiges Verfahren also – und deshalb nicht bei jeder potenziellen Brandstiftung möglich.

Vereinfacht werden können solche Untersuchungen durch Einrichtungen wie das feuerwissenschaftliche Forschungslabor des amerikanischen *Bureau of Alcohol, Tobacco, Firearms, and Explosives (ATF)*. Unter anderem gibt es dort über 1.500 Quadratmeter Testfläche, auf der Brände leicht nachgestellt und analysiert werden können. Ursprünglich wurde das Labor 2002 gegründet, um kriminalistische Ermittlungen bei Brandstiftungen zu erleichtern, heute wird dort auch generell zu Brandursachen und -entwicklungen geforscht. Die Forschenden arbeiten dabei eng mit zertifizierten Brandermittlern des ATF zusammen. Um ein solches Zertifikat zu bekommen, erhalten sie unter anderem ein zweijähriges Spezialtraining.[23]

Einheitliche und moderne Methoden, Feuertesthallen, langes Spezialtraining. Die Möglichkeiten, mit denen auf brennende Wälder oder Geflüchtetenunterkünfte reagiert wird, sind in Deutschland also wohl noch ausbaufähig – und ausbauwürdig. Denn Brände wird es auch in Zukunft immer wieder geben. Leider hat uns Prometheus zwar das Feuer geschenkt, aber nicht erklärt, wie man damit umgeht.

ELLA DAUM
KATAPULT

(18) Evans, Stacie M.: Establishing the Cause of a Fire Through the Process of Elimination, auf: cozen.com (5.8.2013).

(19) Steinbach u.a. 2013, S. 212, auf: vfdb.de.

(20) PBS Independent Lens (Hg.): How Arson Investigation Has Changed, auf: sdpb.org (6.4.2015).

(21) Judge, Phoebe: Criminal, Episode 135: 527 Lime Street, S. 2, 7, auf: thisiscriminal.com (6.3.2020).

(22) Tagesschau (Hg.): Neues Gutachten nährt alte Zweifel, auf: tagesschau.de (3.11.2021).

(23) ATF (Hg.): Certified Fire Investigators, auf: atf.gov.

TROCKNE

Wie viele Landtagswahlen die AfD in Sachsen, Thüringen und Brandenburg gewinnen wollte

3

Wie viele sie gewonnen hat

1

ZAHLEN

ARBEITSWEG

Arbeiten, wo andere wohnen

Immer mehr Menschen arbeiten nicht da, wo sie wohnen. Um zu ihrem Arbeitsplatz zu kommen, pendeln sie weite Strecken mit öffentlichen Verkehrsmitteln oder dem Auto. Sie nehmen eher Stau, Stress und weniger Freizeit in Kauf, anstatt den Wohnort zu wechseln.

VON **STEFANIE SCHULDT**

In Deutschland verbrachten Pendler im Jahr 2023 einer Studie zufolge durchschnittlich 40 Stunden im Stau – eine ganze Arbeitswoche. In Berlin, Stuttgart und München brauchten Pendler die meiste Geduld. Hier standen sie über 50 Stunden im Stau.[1]

Das Verkehrs- und Stauaufkommen ist wenig überraschend bei den rund 20,5 Millionen Menschen, die im vergangenen Jahr in einer anderen Gemeinde arbeiteten, als sie wohnten. Etwa 60 Prozent aller sozialversicherungspflichtig Beschäftigten sind demzufolge Pendler. Das hat das Bundesinstitut für Bau-, Stadt- und Raumforschung (BBSR) anhand von Daten der Bundesagentur für Arbeit herausgefunden. Im Vergleich zum Vorjahr stieg die Zahl um 140.000 Beschäftigte.[2]

Die Fahrtrichtung ist deutlich: Es geht vor allem in die Großstädte. Spitzenreiter in absoluten Zahlen ist die deutsche Stadt mit den höchsten Mietpreisen: München.[3] Hier arbeiteten 2023 mehr als 450.000 Menschen, die im Umland lebten. Das entspricht der Bevölkerung von Mainz und Lübeck zusammen. Die nachfolgenden Plätze mit den meisten Einpendlern belegen Frankfurt am Main, Hamburg, Berlin und Köln.[4]

Im Verhältnis zu allen Beschäftigten einer Stadt ist der Pendleranteil aber ganz woanders am höchsten. Und zwar in Darmstadt und Neuss mit 69 Prozent. Gefolgt von Erlangen, Heidelberg, Ludwigshafen und Offenbach.[5] Anteilsmäßig pendeln in Berlin mit 23 Prozent die wenigsten Leute für ihren Job in eine andere Stadt. Gefolgt von Leipzig mit 36 Prozent und Rostock mit 37 Prozent.

Doch kein Umzug, wenn's drauf ankommt

Das BBSR hat außerdem ausgewertet, wie weit die Menschen zur Arbeit fahren müssen. Die durchschnittliche Distanz beträgt 17,2 Kilometer für eine Fahrt. Für viele Erwerbstätige ist die Strecke jedoch deutlich länger: Fast vier Millionen Menschen fahren mehr als 50 Kilometer zur Arbeit, gut zwei Millionen Beschäftigte müssen sogar eine Strecke von über 100 Kilometern zurücklegen. Aus den Daten zum Wohn- und Arbeitsort konnten die Forschenden jedoch nicht ablesen, wie viele Personen tatsächlich regelmäßig die langen Distanzen fahren. Oder ob sie beispielsweise einige Tage im Homeoffice arbeiten.[6]

Nicht alle Beschäftigten können oder wollen regelmäßig so weite Strecken zur Arbeit fahren. Nach Angaben des Statistischen Bundesamtes würden theoretisch 35 Prozent der Menschen für den Job umziehen. Tatsächlich suchen aber nur knapp 12

(1) Tagesschau (Hg.): Eine Arbeitswoche Stau pro Jahr, auf: tagesschau.de (25.6.2024).

(2) BBSR (Hg.): Zahl der Pendlerinnen und Pendler gestiegen, auf: bbsr.bund.de (22.8.2024).

(3) Statista (Hg.): Städte mit den höchsten Mietpreisen für Wohnungen in Deutschland im 2. Quartal 2024, auf: statista.de (17.7.2024).

(4) BBSR 2024.

(5) Ebd.

(6) Ebd.

Durchschnittliche Pendeldistanzen vom Wohnort zum Arbeitsplatz
2023, in Kilometern

- unter 15
- über 15
- über 18
- über 21
- über 24
- über 27
- über 30
- kein Wert

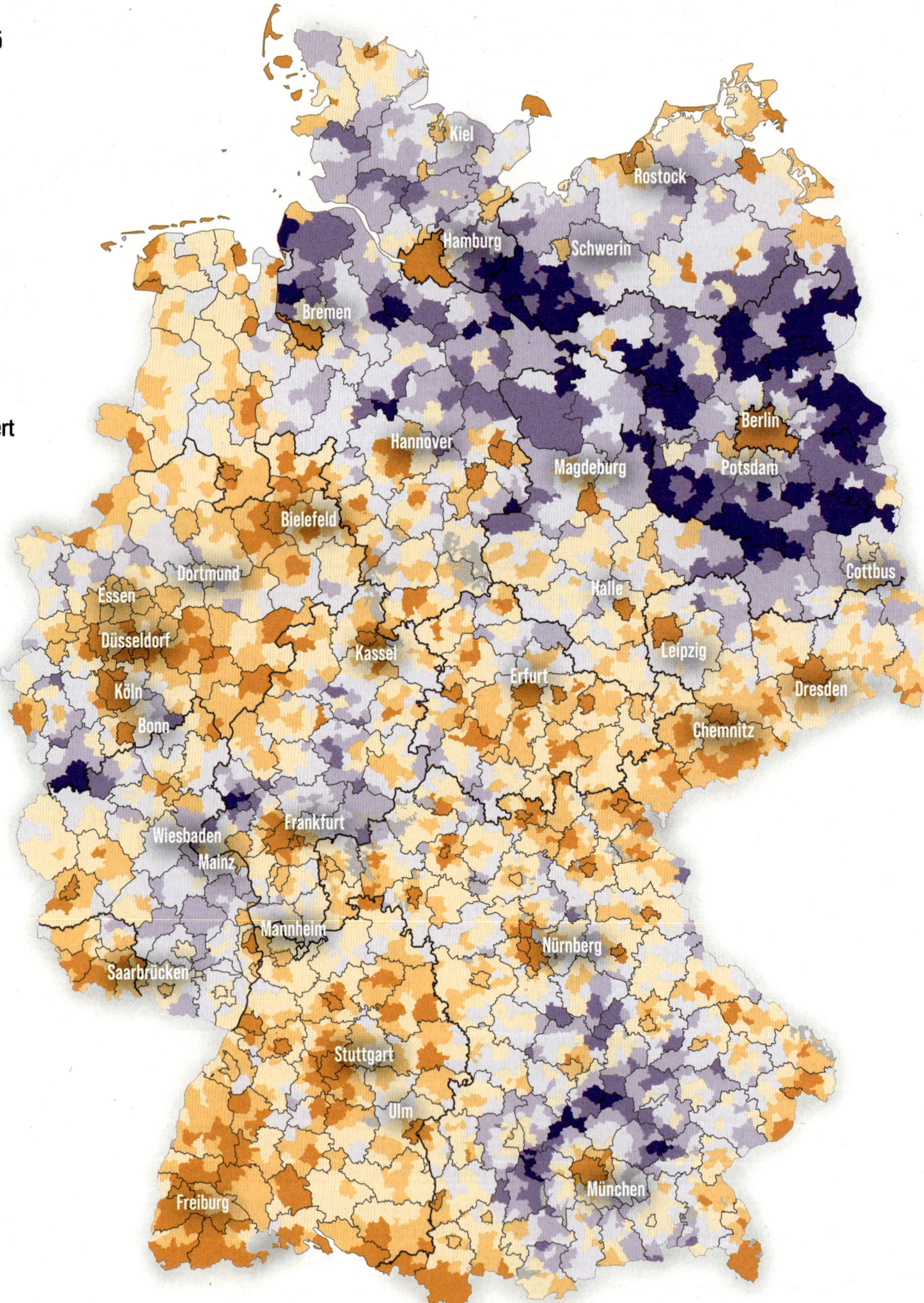

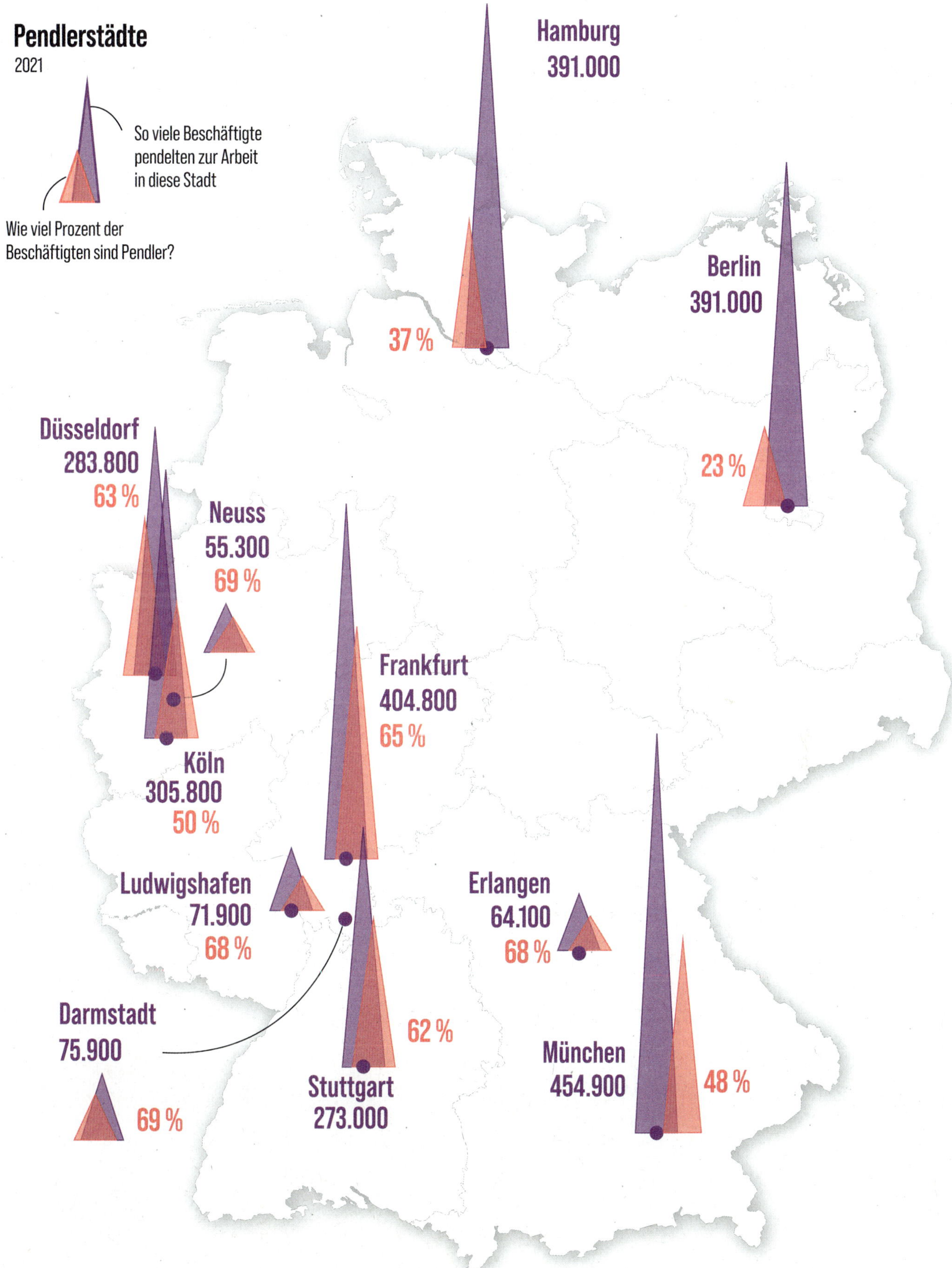

Pendlerstädte
2021
So viele Beschäftigte pendelten zur Arbeit in diese Stadt
Wie viel Prozent der Beschäftigten sind Pendler?
Hamburg
391.000
37 %
Berlin
391.000
23 %
Düsseldorf
283.800
63 %
Neuss
55.300
69 %
Frankfurt
404.800
65 %
Köln
305.800
50 %
Ludwigshafen
71.900
68 %
Erlangen
64.100
68 %
Darmstadt
75.900
69 %
62 %
Stuttgart
273.000
München
454.900
48 %

(7) Destatis (Hg.): Personen nach Bereitschaft, für die Aufnahme einer beruflichen Tätigkeit umzuziehen, auf: destatis.de (17.11.2020).

(8) Skora, Thomas; Petzold, Knut; Rüger, Heiko: Migration, daily commuting, or second residence? The role of location-specific capital and distance to workplace in regional mobility decisions, in: Demographic Research 50(33) 2024, S. 967-1004.

(9) Ebd., S. 977.

(10) Ebd., S. 984.

(11) Fiedler, Christian: Umziehen oder Pendeln? Wie sich Menschen bei einem Jobwechsel entscheiden, auf: idw-online.de (21.8.2024).

Prozent nach einem neuen Wohnort in der Nähe ihres Arbeitsplatzes.[7] Diese große Spanne kann auch daran liegen, dass gerade in den letzten Jahren immer mehr Familien dort hinziehen, wo Mieten günstiger sind und es mehr Wohnraum gibt.

Welche Faktoren bestimmen, ob Menschen lieber regelmäßig pendeln oder doch eher in die Nähe der Arbeitsstelle ziehen? Und ab wann ist ein Pendelweg zu lang? Diesen Fragen sind Forscher vom Bundesinstitut für Bevölkerungsforschung (BiB) in einer aktuellen Studie nachgegangen.[8] Als Grundlage ihrer Analyse nutzten sie Daten des Deutschen Instituts für Wirtschaftsforschung von 2001 bis 2019. Die gewählte Stichprobe enthält Angaben von etwa 38.000 Personen zu deren Umzügen, Pendeldistanzen und Jobwechseln.[9]

Bei 150 Kilometern ist Schluss

Das Forscherteam betrachtete diejenigen Personen, die eine mindestens 50 Kilometer entfernte Stelle in einer anderen Region annahmen. Drei Faktoren beeinflussen laut den Forschern, ob Menschen umziehen oder ob sie täglich oder wöchentlich pendeln.

Erstens: die Entfernung. Je kürzer der Weg zum Arbeitsplatz, desto wahrscheinlicher ist es, dass Menschen täglich fahren. Diese Einstellung verändert sich mit zunehmender Distanz. Bei einer Entfernung von 50 bis 100 Kilometern pro Strecke pendelten 86 Prozent der Personen täglich. Bei 150 bis 200 Kilometern waren es nur noch neun Prozent.[10] Ist der neue Arbeitsplatz mehr als 150 Kilometer entfernt, ziehen die Beschäftigten eher um oder richten sich einen Zweitwohnsitz ein, um am Wochenende zum Hauptwohnsitz und der Familie zu pendeln.

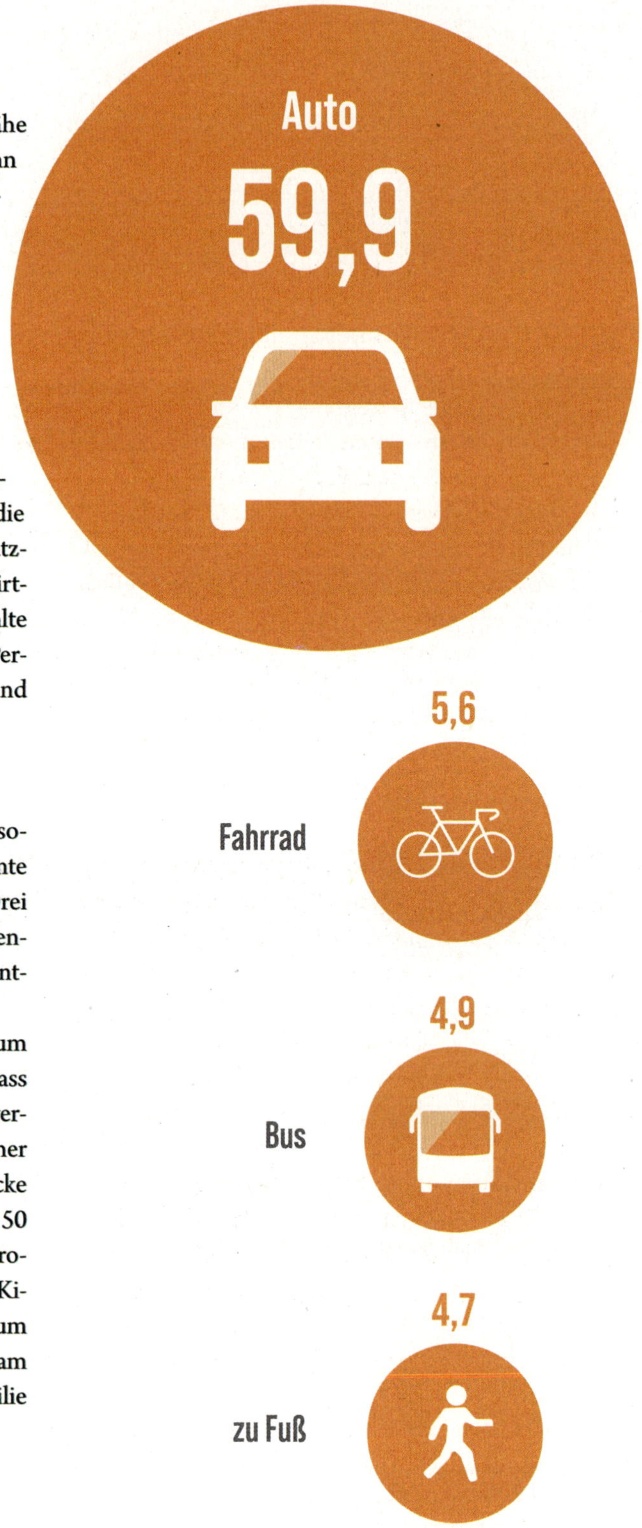

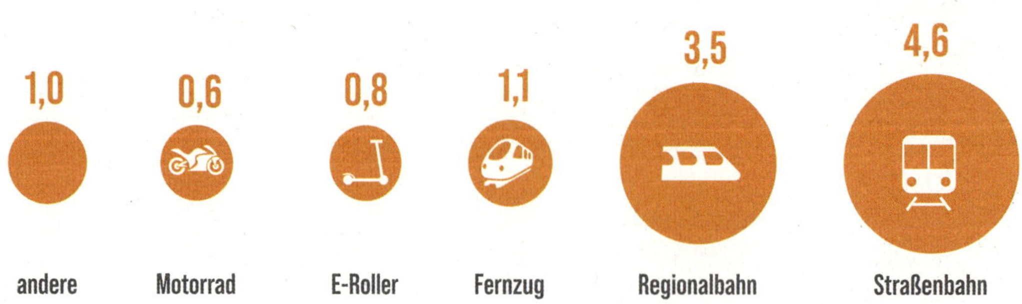

Ein zweiter wichtiger Faktor ist das sogenannte ortsspezifische Kapital. Dazu gehören beispielsweise Wohneigentum, berufstätige Partnerinnen oder Partner, schulpflichtige Kinder oder das soziale Umfeld. All diese Umstände verringern die Wahrscheinlichkeit, für den neuen Job umzuziehen. Der Mobilitätsforscher und Mitautor der Studie Heiko Rüger bringt es auf den Punkt: „Personen mit einem hohen ortsspezifischen Kapital wollen dieses Gut nicht ohne Weiteres aufgeben und neigen daher eher zum Pendeln als zum Wohnortwechsel."[11]

Drittens werden die sogenannten Abwesenheitskosten individuell abgewogen. Damit sind die Belastungen gemeint, die durch das wöchentliche Pendeln entstehen, beispielsweise wenn ein Elternteil unter der Woche nicht am Familienleben teilnehmen kann. Gerade Eltern schulpflichtiger Kinder würden es dann doch bevorzugen, täglich weite Strecken zu fahren, als eine ganze Arbeitswoche von der Familie getrennt zu sein.

Übergewicht, Diabetes, Rückenschmerzen

Eine Studie im Auftrag einer Krankenkasse ergab, dass die gesundheitlichen Belastungen von Pendlern zunehmen, je weiter sie fahren. Sie leiden häufiger unter Rücken- und Kopfschmerzen, Müdigkeit und Magen-Darm-Beschwerden. Außerdem haben sie ein erhöhtes Risiko für Herzinfarkt und Adipositas. Für Autofahrer sind Bewegungsmangel und eine ungesunde Ernährung gesundheitlich belastend. In öffentlichen Verkehrsmitteln besteht die Gefahr dagegen vorrangig darin, sich mit Infektionskrankheiten anzustecken.[12]

Die Forscher vom BiB werteten Daten aus, die vor der Covid-19-Pandemie erhoben wurden. Seitdem haben Homeoffice und flexibles sowie ortsunabhängiges Arbeiten in einigen Branchen zugenommen. Neue Arbeitsmodelle könnten künftig dazu beitragen, negative und gesundheitsschädliche Folgen des Pendelns zu minimieren, lautet ihr Fazit in der Studie.

> „Je kürzer der Weg zum Arbeitsplatz, desto wahrscheinlicher ist es, dass Menschen täglich fahren"

STEFANIE SCHULDT
KATAPULT

TROCKNE

Wohnungslose Menschen
in Deutschland am 31.1.2023

456.560

Leerstehende Wohnungen
in Deutschland 2022

2.000.000

ZAHLEN

DIE DEUTSCHE FEUERWEHR

Zwischen Superheldenstatus und Imageproblem

Mehr als 96,5 Prozent der deutschen Feuerwehrleute sind Freiwillige. Sie löschen Brände, rücken zu Notfallrettungen aus und bergen hin und wieder Katzen aus Bäumen. Was viele Menschen wissen: Feuerwehrmänner und -frauen retten Leben. Was manche Menschen glauben, zu wissen: Die freiwillige Feuerwehr ist eine homogene, geschlossene Gruppe mit Hang zum Extremismus. Was ist dran an diesen Vorurteilen und welche Bedeutung hat das Ehrenamt für den Bevölkerungsschutz?

VON **STEFANIE MALLEIER**

Es brennt. Im Idealfall ruft jemand die Feuerwehr. In Brandenburg muss sie spätestens in 8 Minuten am Einsatzort sein, in Berlin nach 15 Minuten. So legen es die Feuerwehrgesetze der Bundesländer fest, denn Brandschutz ist Ländersache – ein bundesweit gültiges Feuerwehrgesetz gibt es nicht.

Das schnelle Eintreffen am Einsatzort wird vor allem durch eines ermöglicht: die freiwilligen Feuerwehren. Rund vier Millionen Mal rückten sie im Jahr 2021 zu Einsätzen aus. Gut 96,5 Prozent der Wehren in Deutschland sind freiwillige Feuerwehren, nur knapp 3,5 Prozent entfallen auf Berufs- und Werksfeuerwehren.[1] Das bedeutet: Fast sieben von zehn Deutschen müssen sich auf die freiwillige Feuerwehr verlassen – Männer und Frauen, die sich neben ihrem Beruf für den Ernstfall bereithalten. Können Menschen, die als „Hobby" Brände löschen, überhaupt die Sicherheit der Bevölkerung gewährleisten? Müssen sie, denn ein flächendeckendes Netz allein aus Berufsfeuerwehren wäre finanziell nicht tragbar. Besonders ländliche Gegenden und kleine Gemeinden sind auf die Freiwilligen angewiesen. Nur knapp 30 Prozent der deutschen Bevölkerung werden von Berufsfeuerwehren geschützt.[2] Städte und Gemeinden mit mehr als 100.000 Einwohnern sind gesetzlich dazu verpflichtet, eine Berufsfeuerwehr aufzustellen.[3]

(1) Deutscher Feuerwehrverband (Hg.): Erfassung statistischer Daten, auf: feuerwehrverband.de (Stand: 2.9.2024).

(2) Feuerwehrleben (Hg.): Freiwillige Feuerwehr? Es gibt doch sowieso die Berufsfeuerwehr!, auf: feuerwehrleben.de (8.5.2006).

Mitglieder der Feuerwehren zum 31. Dezember

in Deutschland, in Millionen

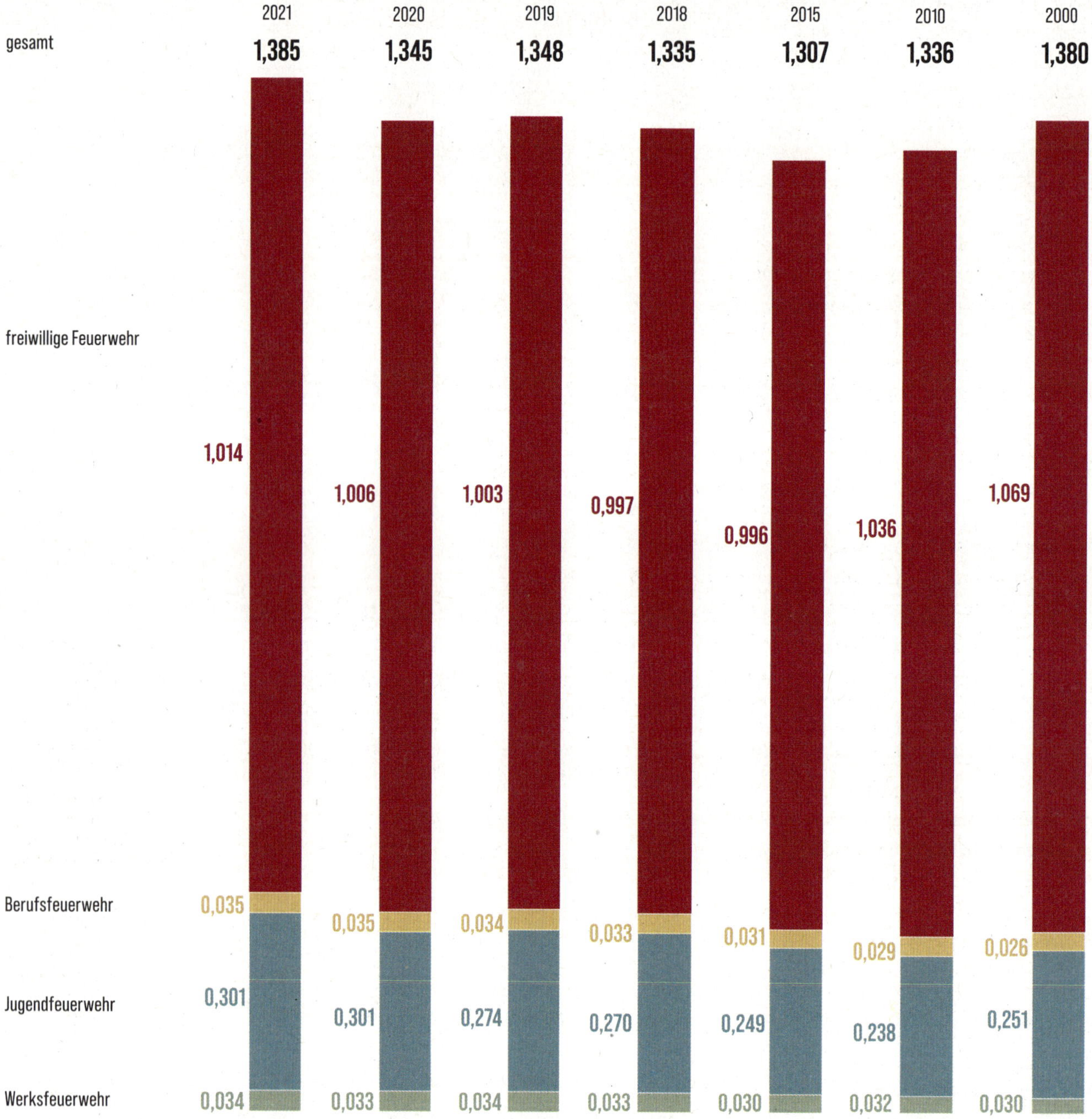

Idealismus statt Gehalt

Worin unterscheiden sich die beiden Modelle überhaupt? Der wohl größte Unterschied: Ehrenamtlich tätige Feuerwehrleute beziehen im Gegensatz zu ihren hauptamtlichen Kolleg:innen kein Gehalt – obwohl sie auch nachts, am Wochenende und an Feiertagen arbeiten. Die Motivation, sich bei der Feuerwehr zu engagieren, entspringt häufig ideellen Gründen: sich für die Gesellschaft einbringen zu können, Leben zu retten, und einem starken Gemeinschaftssinn.[4]

Bei der Finanzierung der Fahrzeuge, der Ausstattung und sonstiger Ausgaben wird nicht zwischen freiwilliger und Berufsfeuerwehr unterschieden. Beide werden von den Ländern über die Feuerschutzsteuer finanziert. Einige Bundesländer entscheiden sich zusätzlich dafür, finanzielle Mittel aus dem allgemeinen Haushalt zur Verfügung zu stellen oder bestimmte Projekte direkt zu fördern.[5]

Neben der Bezahlung besteht der größte Unterschied zwischen Berufs- und freiwilligen Feuerwehren in der Ausbildung. Die Grundausbildung der Berufsfeuerwehr dauert im Durchschnitt dreimal länger: 530 statt 172 Stunden. Addiert man noch die gesetzlich vorgeschriebenen Übungsstunden dazu und berücksichtigt, dass den Freiwilligen weniger Zeit für Übungen zur Verfügung steht, kann davon ausgegangen werden, dass der Ausbildungsstand der ehrenamtlich Tätigen nach knapp fünfeinhalb Jahren annähernd dem der Berufsfeuerwehrleute entspricht.[6]

Ein weiterer Unterschied zwischen den Feuerwehren: Die Wache von Berufsfeuerwehren muss ständig besetzt sein. Steht kein Einsatz an, gehen die Mitarbeitenden anderen Aufgaben nach, wie beispielsweise der Fahrzeugwartung oder administrativen Tätigkeiten. Die Einsatzkräfte der freiwilligen Feuerwehr werden dagegen erst beim Eingang eines Notrufs mobilisiert.[7]

Problemberuf Feuerwehrmann?

Und wie blicken die Menschen in Deutschland auf die Feuerwehr? Eine Umfrage zeigt: Bei 96 Prozent der Befragten genießen Feuerwehrleute ein hohes Ansehen – sowohl berufsmäßige als auch freiwillige.[8] Gleichzeitig gibt es aber auch ein Imageproblem. Die Vorwürfe: die Feuerwehr sei eine Männerdomäne, sie lasse keine Vielfalt

Anzahl der Feuerwehren

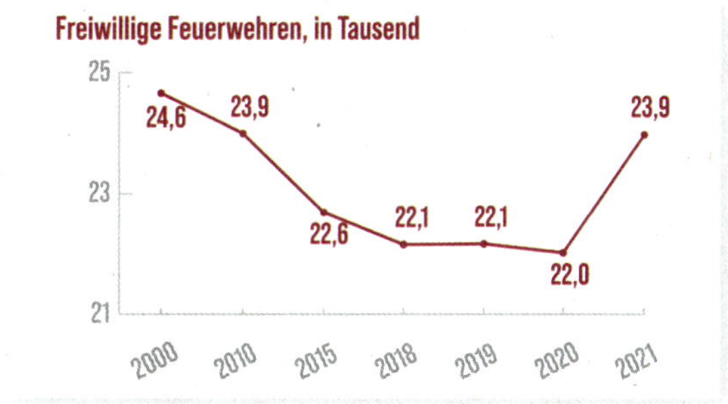

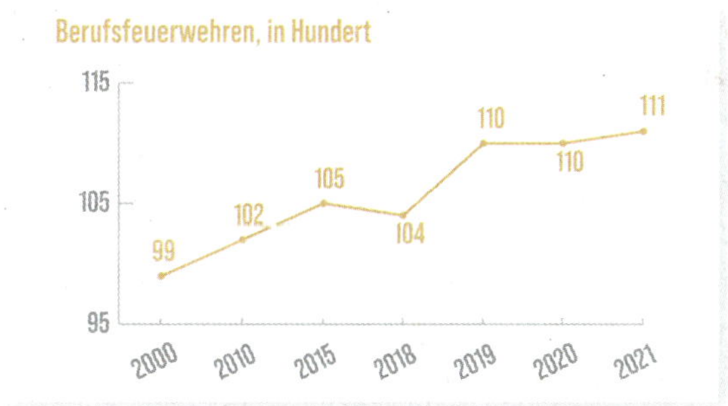

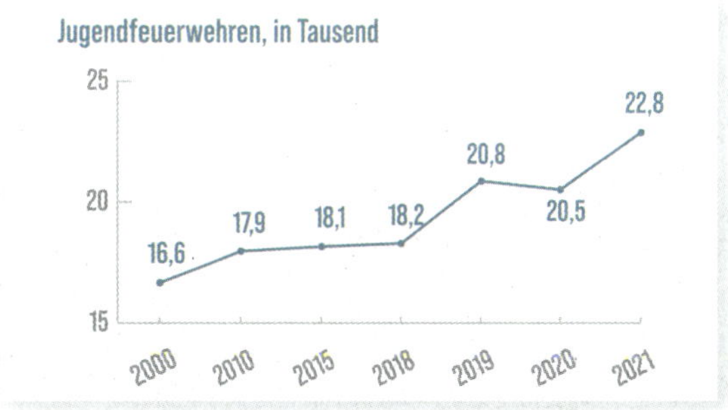

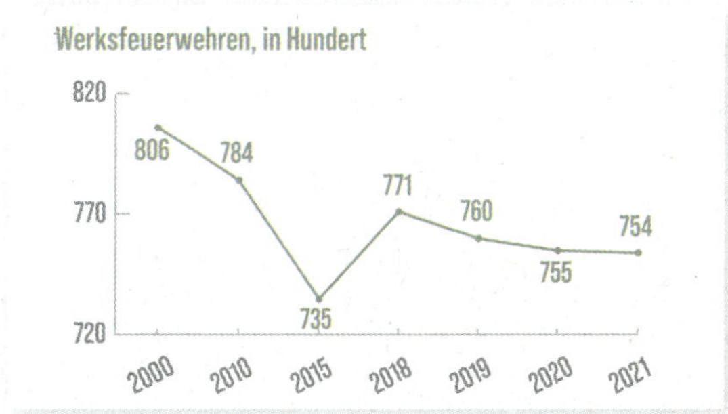

(3) Freiwillige Feuerwehr Vaterstetten (Hg.): Freiwillige vs. Berufsfeuerwehr, auf: feuerwehr-vaterstetten.de.

(4) MDR (Hg.): Drei Viertel fordern mehr Anerkennung für die Freiwillige Feuerwehr, auf: mdr.de (30.8.2021).

(5) Deutscher Bundestag (Hg.): Die Finanzierung der Feuerwehr in den Bundesländern, S. 3, auf: bundestag.de (12.9.2008).

(6) Feuerwehrleben (Hg.): Sind Berufsfeuerwehrleute dümmer als ehrenamtliche Brandschützer?, auf: feuerwehrleben.de (27.5.2010).

(7) Freiwillige Feuerwehr Vaterstetten o.D.

8) MDR 2021.

zu. Außerdem wird ihr regelmäßig vorgeworfen, Rechtsextremismus in ihren Reihen zu fördern oder zumindest zu dulden.[9]

In den letzten Jahren wurden deutschlandweit immer wieder Fälle von Extremismus in Feuerwehren bekannt. Das schadet dem Image – und dem Vertrauen, das den Feuerwehrleuten entgegengebracht wird. Die Berliner Feuerwehr hat 2021 auf die Vorwürfe reagiert und beschäftigt seitdem einen Extremismusbeauftragten, dessen Aufgabenbereich darin besteht, „extremistische Tendenzen aufzudecken und zu bekämpfen" und „Präventionsarbeit zu leisten".[10] Seitdem hat er 23 Fälle bearbeitet, wobei elfmal Disziplinar- oder Strafverfahren eröffnet wurden. Die Gründe reichten von „Zeigen des Hitlergrußes" über „reichsbürgertypisches Verhalten" bis „Beleidigung von Kollegen mit Migrationshintergrund". Nur in einem Fall jedoch wurde eine Geldbuße verhängt.[11]

Auch andere Feuerwehrverbände reagieren auf die Extremismusvorwürfe und positionieren sich öffentlich gegen Rechts. Der Chef der Hamburger Feuerwehr, Christian Schwarz, erklärte, Rechtsextremismus habe in seiner Organisation „keinen Platz", nachdem dort entsprechende Verdachtsfälle bekannt geworden waren. Gegen sechs Feuerwehrleute wurden daraufhin disziplinarische Ermittlungen eingeleitet.[12] Sensibilisierung gegen rechtes Gedankengut fängt bereits bei der Feuerwehrjugend an. „Handeln, bevor es brennt" – das ist der Leitsatz von Mike Brendel, Vizewart der Landesjugendfeuerwehr in Sachsen. Er vermittelt bereits den Jüngsten ein tolerantes und offenes Miteinander: „Die Farben in der Feuerwehr sind bunt. Aber Braun geht gar nicht."[13]

Ein Grund für die Probleme mit Extremismus könnten fehlende Berührungspunkte zu Menschen mit Migrationshintergrund bei der freiwilligen Feuerwehr sein. Eine aktuelle Studie bestätigt: Im Bereich ehrenamtliches Engagement liegt die freiwillige Feuerwehr beim Männeranteil an der Spitze und bildet hinsichtlich der kulturellen Vielfalt das Schlusslicht.[14] Während 29,7 Prozent der deutschen Gesamtbevölkerung einen Migrationshintergrund haben,[15] engagiert sich Schätzungen zufolge nur rund ein Prozent bei der freiwilligen Feuerwehr.[16] Diese Diversitätslücke soll mithilfe von Projekten zu den Themen Inklusion und Antirassismus geschlossen werden, denn laut

Was Feuerwehrleute erlebt haben

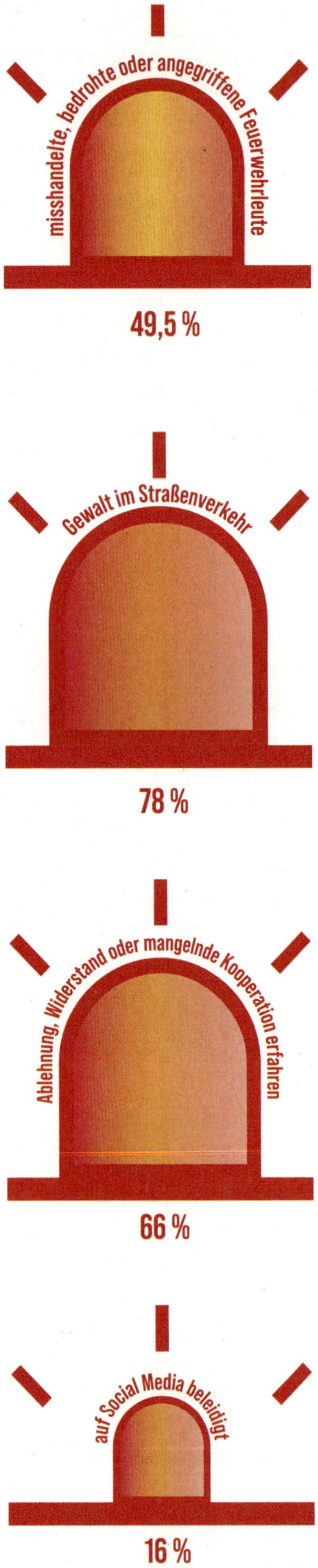

(9) Frenzel, Markus: Brandgefährlich – wie Rechtsextreme und AfD-Mitglieder die freiwillige Feuerwehr unterwandern, auf: stern.de (10.3.2023); Lübben, Tobias: Wenn der Vereinskamerad in der AfD-Jugend ist, auf: hessenschau.de (22.3.2024).

(10) Berliner Feuerwehr (Hg.): Extremismusbeauftragter bei der Berliner Feuerwehr, S. 2, auf: feuerwehrmuseum-berlin.de (14.5.2021).

(11) Zeit Online (Hg.): Rechtsextremistische Vorfälle auch bei Berliner Feuerwehr, auf: zeit.de (17.2.2024).

(12) Der Spiegel (Hg.): Mehrere rechtsextreme Verdachtsfälle bei Hamburger Feuerwehr, auf: spiegel.de (3.4.2021).

(13) Bundeszentrale für politische Bildung (Hg.): Aktiv gegen Rechtsextremismus: Jugendfeuerwehr Sachsen, auf: bpb.de (Oktober 2013).

(14) Stifterverband für die Deutsche Wissenschaft (Hg.): ZiviZ-Survey 2023, S. 51, auf: ziviz.de (2023).

(15) Bundeszentrale für politische Bildung (Hg.): Bevölkerung mit Migrationshintergrund, auf: bpb.de (24.4.2024).

> Im Jahr 2021 lag der Frauenanteil bei der freiwilligen Feuerwehr bei elf Prozent

dem Deutschen Feuerwehrverband „sollten die Feuerwehren einen Querschnitt der Bevölkerung darstellen". Dafür setzt sich beispielsweise das Projekt „Faktor 112" ein, das sich um Demokratie und Vielfalt und gegen „extremistischen Tendenzen" und „Diskriminierung im Feuerwehralltag bemüht".[17]

Während sich die Feuerwehrverbände nach außen hin um Diversität und Toleranz bemühen, scheint diese Entwicklung nicht bei allen Kameraden für Begeisterung zu sorgen. Eine kürzlich veröffentlichte Fallstudie, an der 16 freiwillige Feuerwehren aus dem Kreis Lippe teilnahmen, ergab, dass fast zwei Drittel der Befragten ihre Gruppe als „eingeschworene Gemeinschaft" sehen und sich nur gut ein Drittel mehr kulturelle Vielfalt bei der Feuerwehr wünscht. Das Fazit der Autor:innen: Für viele Feuerwehrleute scheint das „Zusammentreffen mit Gleichgesinnten" ein zentraler Punkt ihrer ehrenamtlichen Tätigkeit zu sein, und ein großer Teil der Befragten wolle nicht, dass sich „die Feuerwehren an eine immer vielfältiger werdende Gesellschaft anpassen".[18]

Nicht nur Menschen mit Migrationshintergrund, sondern auch Frauen haben es schwer, in der Branche Fuß zu fassen. Im Jahr 2021 lag der Frauenanteil bei der Berufsfeuerwehr bundesweit im Schnitt bei drei Prozent, bei der freiwilligen Feuerwehr bei elf Prozent. Zwanzig Jahre zuvor hatte er noch bei knapp sechs Prozent gelegen.[19] Viele Feuerwehrwachen wurden zu einer Zeit eingerichtet, als es geradezu „undenkbar war, dass eine Frau zur Feuerwehr geht", wie der stellvertretende Leiter der Oberhausener Feuerwehr, Dominik Steger, betont. Dementsprechend sind auch die meisten alten Wachen nur auf Männer ausgelegt: mit Gemeinschaftsduschen, gemeinsam genutzten Toiletten und gemischten Schlafräumen. In neuen Gebäuden werden Frauen mittlerweile baulich berücksichtigt.[20]

Auch auf anderen Ebenen findet bei der Feuerwehr ein Umdenken statt: Von 2005 bis 2008 lief die Kampagne „Mädchen und Frauen in den Freiwilligen Feuerwehren". Darin wurden zwölf Leitlinien festgelegt, unter anderem: der „Abbau diskriminierender Einstellungen und Verhaltensmuster", eine „Kultur der Vielfalt statt männlicher Monokultur" und die „aktive Förderung statt passiver Toleranz".[21] Gleichzeitig bestand ein Ziel darin, die Feuerwehr „familientauglicher" zu machen. Die ehrenamtliche Tätigkeit sollte flexibler gestaltet werden und gemeinsam mit Müttern und Vätern sollten Lösungen beispielsweise für die Kinderbetreuung gefunden werden.[22]

Ohne die freiwilligen Feuerwehren könnte das engmaschige Sicherheitsnetz in Deutschland nicht bestehen. Befragungen zeigen: Die Bevölkerung reagiert mit Anerkennung – und äußert gleichzeitig Kritik: Die Feuerwehr sei zu männlich, zu weiß, zu homogen. Dieses Problem haben auch die Feuerwehrverbände erkannt und steuern dagegen. In den letzten Jahren wurden zahlreiche Projekte begonnen, um Inklusion und Diversität zu fördern. Der Trend zeigt jedoch, dass dieser Wandel nur schleppend erfolgt.

STEFANIE MALLEIER
KATAPULT

(16) Deutscher Feuerwehrverband (Hg.): Integration, auf: feuerwehrverband.de.

(17) Deutscher Feuerwehrverband (Hg.): Faktor 112, auf: feuerwehrverband.de.

(18) Walter, Andrea; Freise, Matthias: Closed Shop oder Mut zu Vielfalt – Wie steht es um die Diversität in der Freiwilligen Feuerwehr? Eine Fallstudie aus dem ländlichen Raum, in: Voluntaris, 12(1) 2024, S. 54-67, hier: S. 63-64.

(19) Deutscher Feuerwehrverband (Hg.): Erfassung statistischer Daten, auf: feuerwehrverband.de. in: Journal of Religion and Health 62 (2023), S. 500-509.

(20) Kortekamp, Gesa: Frauen wollen zur Feuerwehr – Wachen aber für Männer gebaut, auf: waz.de (23.5.2023).

(21) Deutscher Feuerwehrverband (Hg.): Frauen am Zug, auf: feuerwehrverband.de.

(22) Deutscher Feuerwehrverband (Hg.): „Frauen in der Freiwilligen Feuerwehr" – Handreichungen für die Praxis, S. 13-14, auf: feuerwehrverband.de (August 2006).

KATAPULT experimentiert mit neuen Darstellungsformen. Diese Europakarte der Bevölkerungsdichte musst du aus der Entfernung betrachten.

Je höher die Spitzen, desto mehr Menschen leben auf engem Raum. Aber Vorsicht: In einigen Gebieten sind die Spitzen so hoch und dicht, dass sie andere, wenig besiedelte Gebiete der Umgebung verdecken.

West-Ost-Wanderung

Trendumkehr

Fast 30 Jahre lang wanderten mehr Menschen von Ost- nach Westdeutschland als umgekehrt. Mit negativen Folgen für die verlassenen Regionen. Doch vor ein paar Jahren hat sich der Trend umgekehrt: Ostdeutsche Bundesländer verzeichneten in den letzten Jahren Zuwanderungsgewinne.

VON **CORNELIA SCHIMEK**

3,7 Millionen Menschen verließen nach der Wiedervereinigung Ostdeutschland in Richtung Westen. Zwar zogen im gleichen Zeitraum auch Menschen in die neuen Bundesländer, allerdings sehr viel weniger, sodass der Osten von 1991 bis 2017 unterm Strich rund 1,2 Millionen Menschen verlor. Für die verlassenen Bundesländer ergaben sich daraus verschiedene Probleme: Die Bevölkerung alterte, da vor allem junge Menschen abwanderten. In vielen Regionen wurde die Infrastruktur ausgedünnt: Schulen, Krankenhäuser, Kultureinrichtungen und Sportvereine mussten schließen und es fehlte an Steuereinnahmen. Doch vor ein paar Jahren hat sich der Trend umgekehrt: Von 2017 bis 2022 zogen etwas mehr Menschen von West nach Ost als umgekehrt. So gewannen die ostdeutschen Bundesländer durch die Binnenwanderung im Jahr 2020 rund 6.100 und im darauffolgenden Jahr circa 5.600 Bewohner hinzu.[1]

Die Zahlen sind recht klein, aber mit ihnen endete ein Trend, der über Jahrzehnte angehalten hat. In drei großen Abwanderungswellen waren die ostdeutschen Länder geschrumpft. Die erste Welle setzte nach der Gründung der DDR ein und

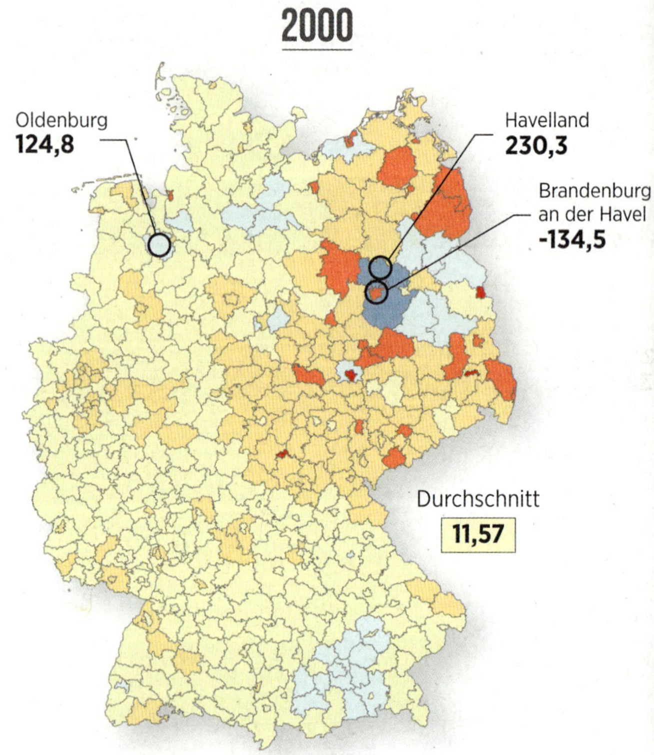

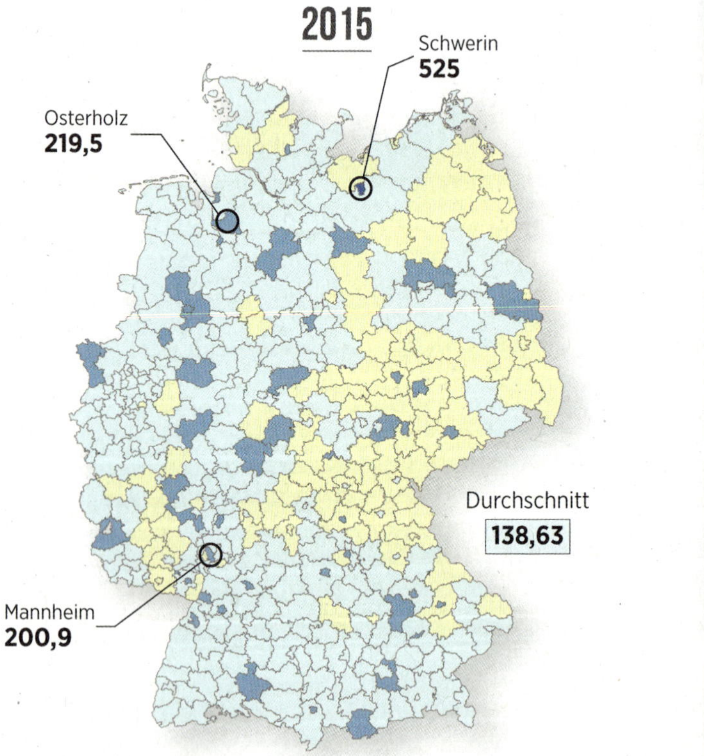

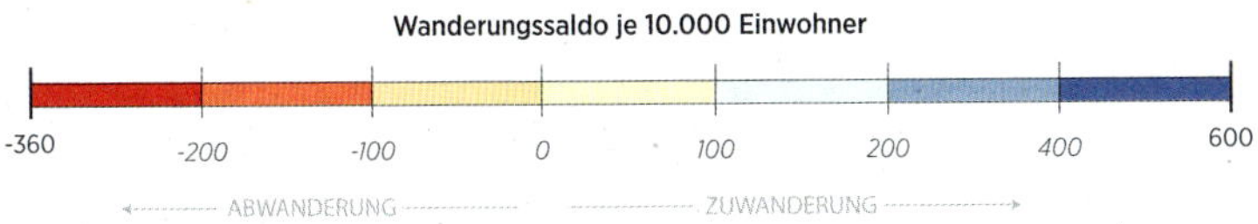

Wegzüge / Zuzüge

2005

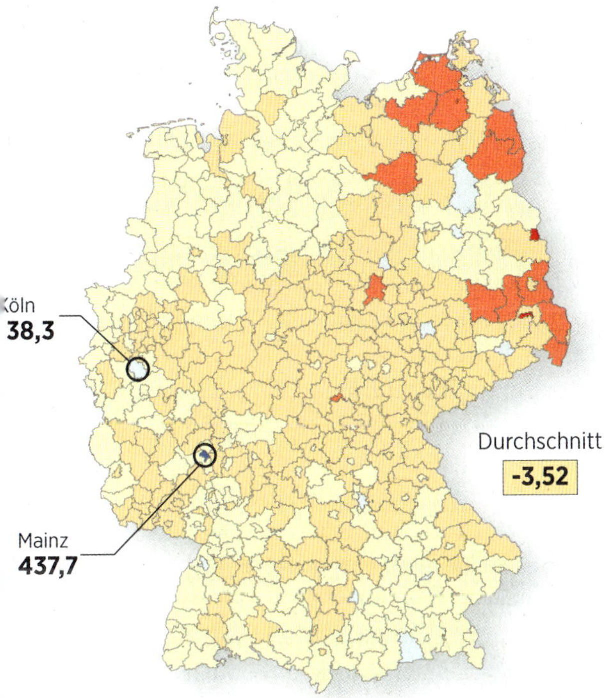

2010

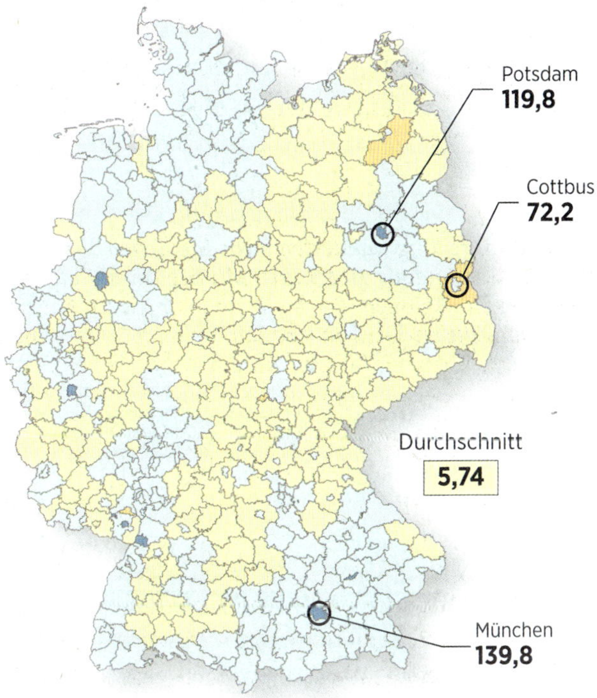

2020

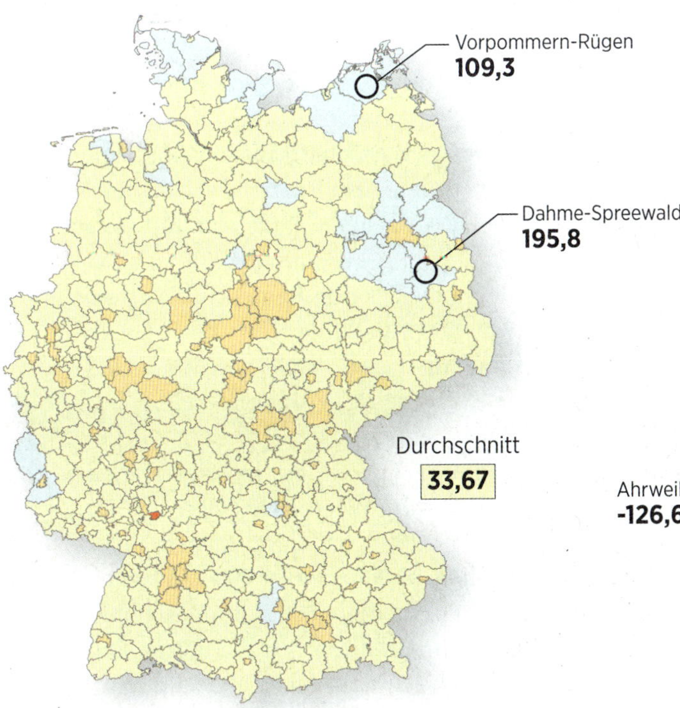

2021

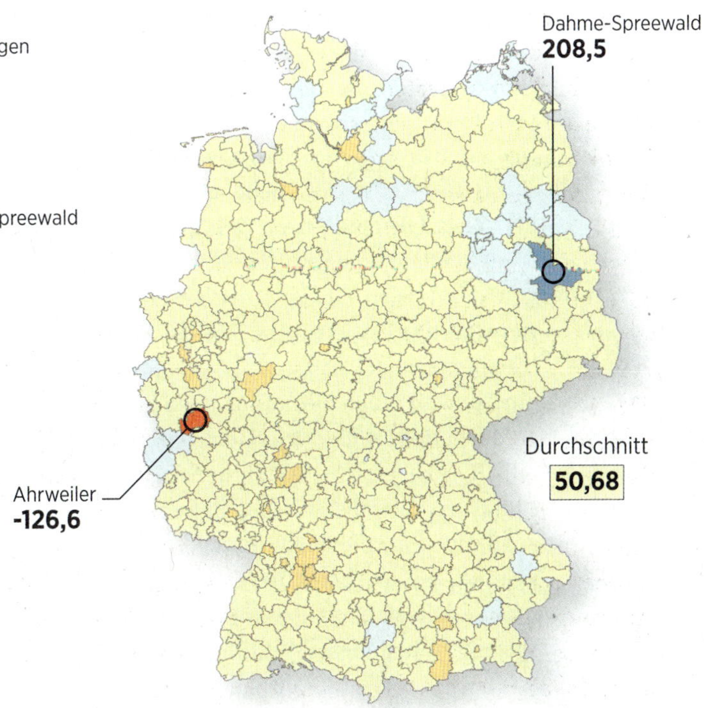

wurde durch den Bau der Mauer gewaltsam gestoppt. Bis dahin hatten rund 2,7 Millionen Menschen das Land verlassen. Die Hauptgründe: die schlechte wirtschaftliche Lage, ein unfreiheitliches System und die Hoffnung, im Westen bessere Arbeit zu finden. Die DDR verlor dadurch vor allem gut ausgebildete Menschen. Schätzungen zufolge verließ rund ein Drittel der Akademiker in den 50er-Jahren das Land. Davon profitierte die Bundesrepublik: Sie konnte beispielsweise aufgrund der zugezogenen Ärzte die durchschnittliche Patientenzahl pro Arzt von 800 auf 600 senken. Im Osten stieg sie hingegen bis 1961 auf 1.400 Patienten an. Durch die gut ausgebildeten Fachkräfte aus der DDR sparte die BRD außerdem Milliarden, da sie nicht für deren Ausbildung aufkommen musste.[2]

Eine Gruppe ist geblieben

Auch in der zweiten Auswanderungswelle, die nach 1989 einsetzte, verließen die Menschen aufgrund der wirtschaftlichen Situation ihre Heimat. Nun war die Wanderung nicht mehr behördlich beschränkt – das Land war wieder vereint – und viele suchten in der Bundesrepublik nach Arbeit. Durch die Umwandlung der Plan- in eine Marktwirtschaft mussten viele Betriebe im Osten schließen. Die Folge: Die Arbeitslosigkeit stieg in den 90er-Jahren enorm an. So verloren beispielsweise in der Industrie mehr als zwei Drittel der Beschäftigten ihren Job. Während viele deutsche Staatsbürger gen Westen gingen, blieb eine Gruppe: die vietnamesische Bevölkerung. Viele von ihnen waren als Vertragsarbeiter in die DDR gekommen und ein Teil von ihnen blieb auch nach der Wende. „Man könnte sagen: Die Vietnamesen haben eine Lücke gefüllt, die ihnen DDR-Bürger hinterlassen haben. Viele haben Geschäfte eröffnet, Familien gegründet und Häuser gekauft, wo es ehemalige DDR-Bürger nicht mehr wollten."[3] So beschreibt es die *Zeit*-Journalistin Vanessa Vu, deren Eltern selbst Anfang der Neunzigerjahre aus Vietnam nach Deutschland kamen. Noch heute leben mehr Vietnamesen im Osten als im Westen.

Die dritte Welle, bei der insbesondere Junge und gut Ausgebildete abwanderten, setzte um die Jahrtausendwende ein. Seit Jahren gibt es die Erzählung, dass einige ländliche Regionen in Ostdeutschland aufgrund dieser Wanderungsbewegung unter einem Frauenmangel leiden. Eine Studie des Bundesinstituts für Bevölkerungsforschung (BiB), die 2020 in der Fachzeitschrift *Demographic Research* erschien, widerlegt diese Darstellung jedoch. Anhand von Daten des Statistischen Bundesamtes untersuchten die Autoren, wer zwischen 1991 und 2018 innerhalb von Deutschland umzog.[4] Das Ergebnis: Nach der Wiedervereinigung verließen ungefähr gleich viele männliche wie weibliche Personen die ostdeutschen Bundesländer, ab 2008 waren es sogar ein wenig mehr Männer. Die Autoren machen weniger die Ost-West- als viel mehr die Land-Stadt-Bewegung für den geringen Frauenanteil verantwortlich. Mehr Frauen als Männer zogen für ihre Ausbildung in die ostdeutschen Großstädte.

Wohin sind die Menschen gegangen?

Vor allem nach Süddeutschland. Viele zogen beispielsweise in die Kreise Erding und Freising in Bayern. 1992 eröffnete der Münchner Flughafen, was für die Region einen großen Wirtschaftsaufschwung mit Tausenden neuen Arbeitsplätzen bedeutete. Und noch eine weitere Stadt war für viele Menschen attraktiv: Hamburg. In absoluten Zahlen gibt es keine Region im Westen, in die mehr Menschen aus den neuen Bundesländern zogen. Viele von ihnen kamen aus Mecklenburg-Vorpommern.[5]

Und andersrum? Gab es in dieser Zeit auch Zuzüge von West nach Ost? Ja, im Zeitraum von 1991 bis 2018 kamen jedes Jahr zwischen 80.000 und 90.000 Menschen aus den alten in die neuen Bundesländer. Trotzdem konnten diese Zuzüge die großen Abwanderungszahlen nicht ausgleichen.

(1) Wissenschaftliche Dienste des Deutschen Bundestages (Hg.): Binnenwanderung in Deutschland, S. 11, auf: bundestag.de (6.1.2023).

(2) Martens, Bernd: Der Zug nach Westen – Jahrzehntelange Abwanderung, die allmählich nachlässt, auf: bpb.de.

(3) Vu, Vanessa: Die neuen Ossis, auf: zeit.de (8.5.2019).

(4) Stawarz, Nico u.a.: The turnaround in internal migration between East and West Germany over the period 1991 to 2018, in: Demographic Research 43 (2020), S. 993-1008.

(5) Bangel, Christian u.a.: Die Millionen, die gingen, auf: zeit.de (2.5.2019).

2022

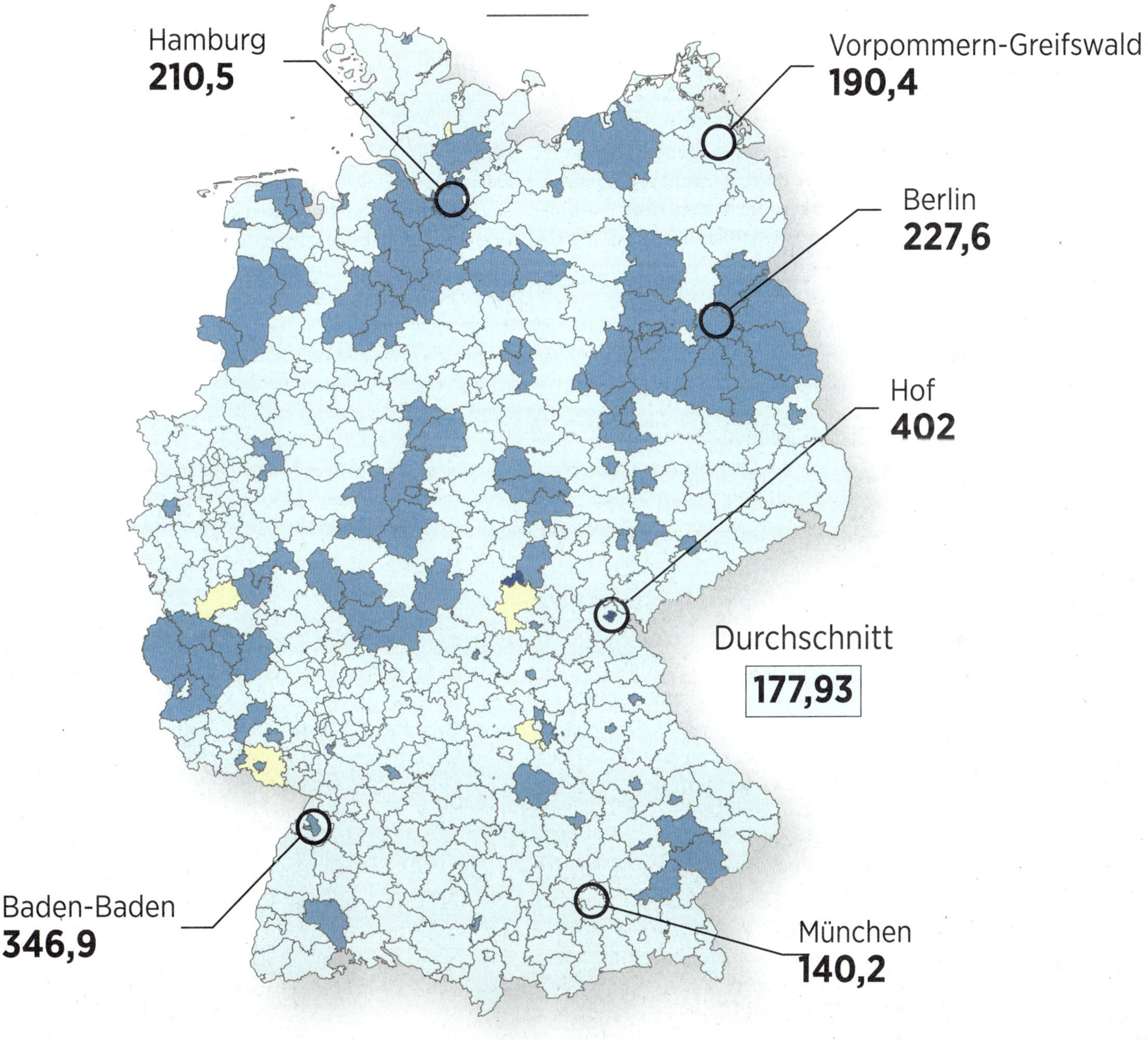
Hamburg
210,5
Vorpommern-Greifswald
190,4
Berlin
227,6
Hof
402
Durchschnitt
177,93
Baden-Baden
346,9
München
140,2

Bis vor ein paar Jahren, als erstmals mehr Menschen in ein ostdeutsches Bundesland zogen als aus diesem fort.

2014 machte Sachsen den Anfang. Das Bundesland gewann unterm Strich rund 1.800 neue Bewohner. In den darauffolgenden Jahren verzeichneten die einzelnen ostdeutschen Länder mal Wanderungsgewinne, mal verluste. Zwischen 2008 und 2016 ist die Nettoabwanderung – also die Differenz von Zuzügen und Fortzügen – tendenziell aber immer weiter gesunken. Und das so weit, bis 2017 zum ersten Mal mehr Menschen von West nach Ost gezogen sind als umgekehrt.[6] Es profitierten allerdings nicht alle Regionen gleichermaßen: Mecklenburg-Vorpommern, Sachsen und Brandenburg wuchsen im Zeitraum von 1991 bis 2018. Thüringen und Sachsen-Anhalt hingegen verloren an Bevölkerung.[7]

Trendumkehr durch Rückkehrer

Laut der Studie des BiB lag die Stabilisierung der Einwohnerzahlen vor allem daran, dass immer mehr junge Menschen in den ostdeutschen Bundesländern blieben und nicht wegzogen. Insbesondere an den 18- bis 24-Jährigen wird das deutlich: 2001 verließen 60.000 junge Erwachsene die neuen Bundesländer, 2018 waren es nur noch 20.000. Gleiches gilt auch für Familien. Für sie sind wachsende Groß- und Mittelstädte, wie etwa Leipzig und Potsdam, attraktiv. Und noch eine weitere Altersgruppe sticht hervor: Die 30- bis 49-Jährigen. Die Studienautoren vermuten, dass ein Teil derjenigen, die früher einmal den Osten verlassen haben, zurückkehrten.[8] Die Trendumkehr hat also verschiedene Gründe: Junge Menschen und Familien zogen seltener aus den neuen Bundesländern weg, und Leute zwischen 30 und 49 kamen wieder.

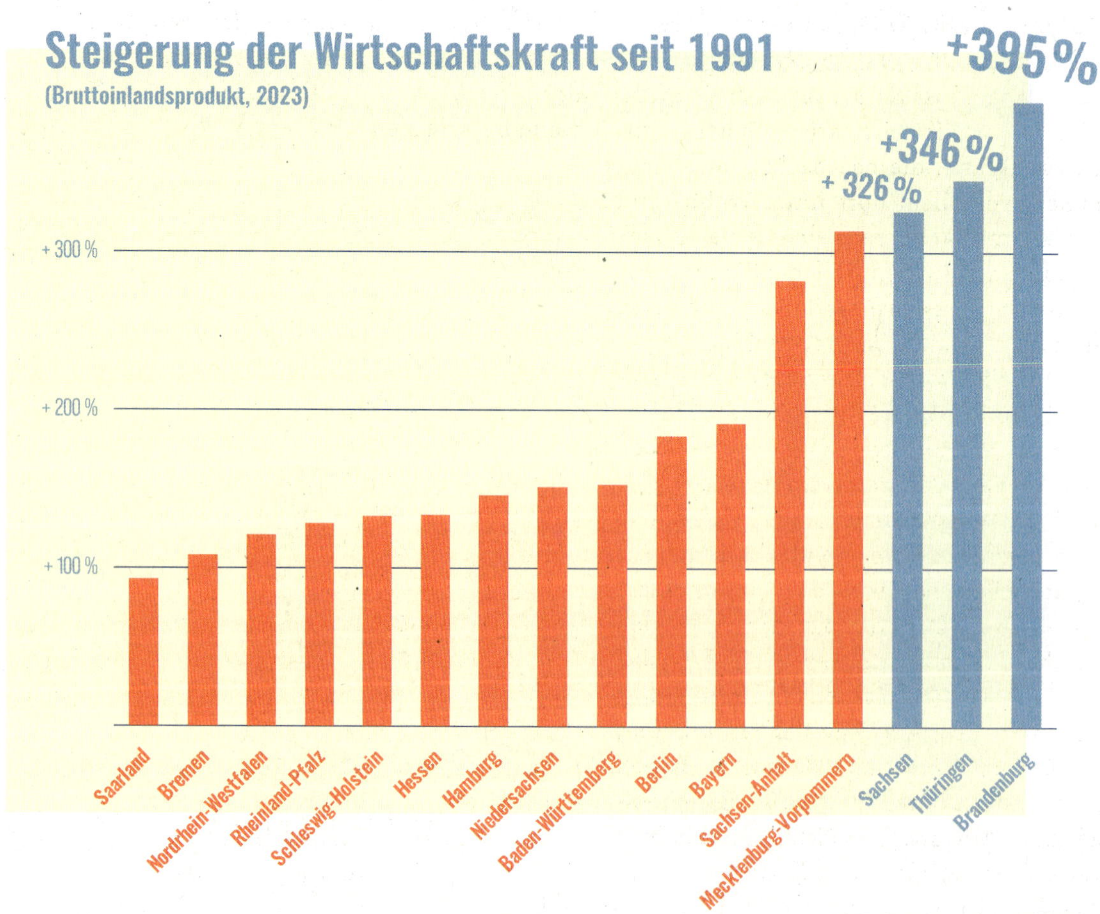

(6) Statistisches Bundesamt (Hg.): Bevölkerungsentwicklung in Ost- und Westdeutschland zwischen 1990 und 2022: Angleichung oder Verfestigung der Unterschiede?, auf: destatis.de.

(7) Stawarz u.a. 2020, S. 996.

Bei zwei Bevölkerungsgruppen war allerdings keine Veränderung zu verzeichnen. Zum einen bei jungen Menschen, die gerade frisch in den Job starten (25- bis 29-Jährige). Hier verlor der Osten nach wie vor an die westdeutschen Bundesländer. Die Studienautoren führen das auf den größeren Arbeitsmarkt und die besseren Karrierechancen im Westen zurück.

Zum anderen sind es Menschen mit Migrationshintergrund. Im Jahr 2022 zogen mehr Migranten aus dem Osten gen Westen als umgekehrt. Das ist laut Institut der deutschen Wirtschaft allerdings problematisch. Zwar erleben ostdeutsche Regionen durch die Ansiedlung von Großkonzernen wie etwa von Teslas Gigafabrik im brandenburgischen Grünheide oder dem Chiphersteller Intel in Magdeburg einen wirtschaftlichen Aufschwung. Es werden aber Fachkräfte benötigt, die diesen Aufschwung stemmen. Die Regionen sind mehr denn je auf ausländische Mitarbeiter angewiesen.

Für den wirtschaftlichen Aufschwung braucht es ausländische Fachkräfte

Ostdeutschland ist für sie aus zwei Gründen allerdings wenig attraktiv: Erstens suchen Fachkräfte, die neu nach Deutschland kommen, vor allem dort ihren Wohn- und Arbeitsplatz, wo es bereits eine Gemeinschaft mit ähnlichem kulturellen Hintergrund gibt. In Ostdeutschland ist der Anteil von Menschen mit Migrationshintergrund mit rund elf Prozent allerdings viel geringer als in Westdeutschland mit rund 33 Prozent. Zweitens leben in den ostdeutschen Bundesländern deutlich weniger Migranten mit einem unbefristeten Aufenthaltsstatus als in westdeutschen Bundesländern. Für die Menschen bedeutet das eine größere Ungewissheit. Das Institut der deutschen Wirtschaft sieht es deswegen als Aufgabe, „in den kommenden Jahren (...) ein Klima zu schaffen, in dem sich Zuwanderer willkommen fühlen – speziell in den ostdeutschen Bundesländern. Dies ist eine gesamtgesellschaftliche Aufgabe für Politik, Unternehmen und Gesellschaft gleichermaßen.“[8]

Zusammengerechnet sind die Nettogewinne der letzten Jahre im Verhältnis zu den vielen Menschen, die nach der Wiedervereinigung aus den ostdeutschen Bundesländern weggezogen sind, gering. Und: Im Jahr 2023 gab es erstmals einen Trendbruch, die neuen Bundesländer verloren unterm Strich rund 3.000 Leute an den Westen. Außerdem wachsen vor allem einige Ballungszentren, während die ländlichen Gebiete Ostdeutschlands wegen einer geringen Geburtenrate und der alternden Gesellschaft (im Osten liegt das Durchschnittsalter drei Jahre über dem westdeutschen Schnitt) voraussichtlich bis 2040 an Bevölkerung verlieren.[9]

Die Trendumkehr von 2017 zeigt aber, dass Wanderungsbewegungen nicht festgeschrieben sind. So sagten Demografen schon vor zwanzig Jahren einen enormen Bevölkerungsrückgang für Sachsen voraus, der so nicht eingetreten ist. Und mit Leipzig hat das Bundesland die Stadt, der bis 2040 das größte Wachstum von ganz Deutschland vorausgesagt wird. Die Bevölkerungszahl könnte um 14,7 Prozent steigen. Ein ähnlich hohes Wachstum wird auch für Potsdam prognostiziert. Dagegen ist Berlin mit einer Zunahme der Bevölkerung von 5,8 Prozent ziemlich weit abgeschlagen.[10]

CORNELIA SCHIMEK
KATAPULT

(8) Der Informationsdienst des Instituts der deutschen Wirtschaft (Hg.): Im Osten fehlen Zuwanderer, auf: iwd.de (23.10.2023).

(9) Tagesschau (Hg.): Boom der Städte und Rückgang im Osten (9.4.2024)

(10) Ebd.

Eine kurze Geschichte des Saarlands seit 1789

Wusstet ihr, dass das Saarland mehr ist als nur eine sympathische Maßeinheit? Tatsächlich war es schon vieles: französisch, deutsch, preußisch, bayerisch – und sogar ein eigener Staat! Mit eigener Flagge, eigener Nationalhymne, eigener Verfassung und eigener Fußballnationalmannschaft. Und das ist gar nicht mal so lange her.

Doch von vorn:

1789 gibt es das Saarland eigentlich noch gar nicht. Auf dem Gebiet des heutigen deutschen Bundeslandes befindet sich vielmehr ein Sammelsurium verschiedener Herrschaftsgebiete des deutschen, französischen und österreichischen Adels.

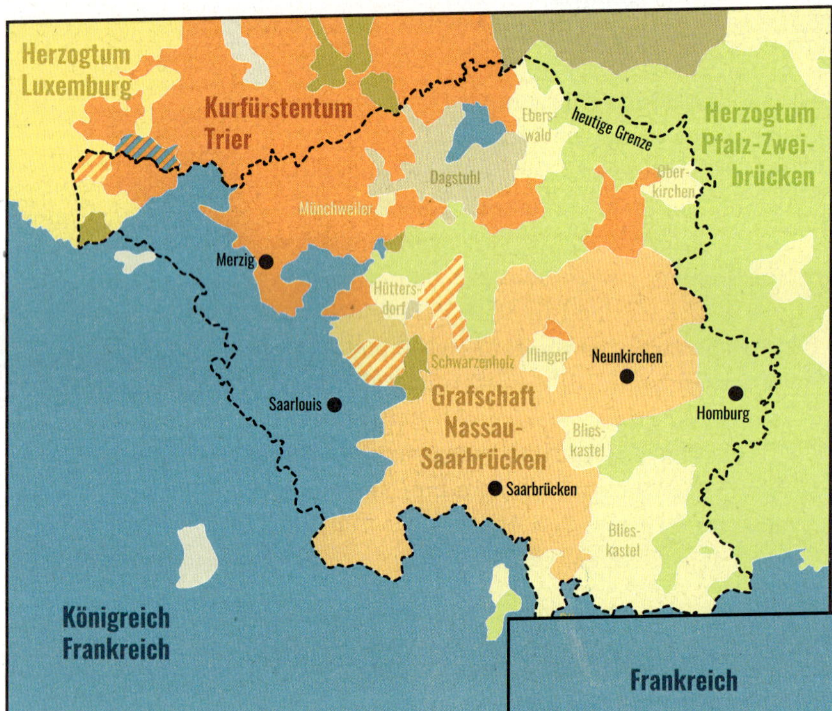

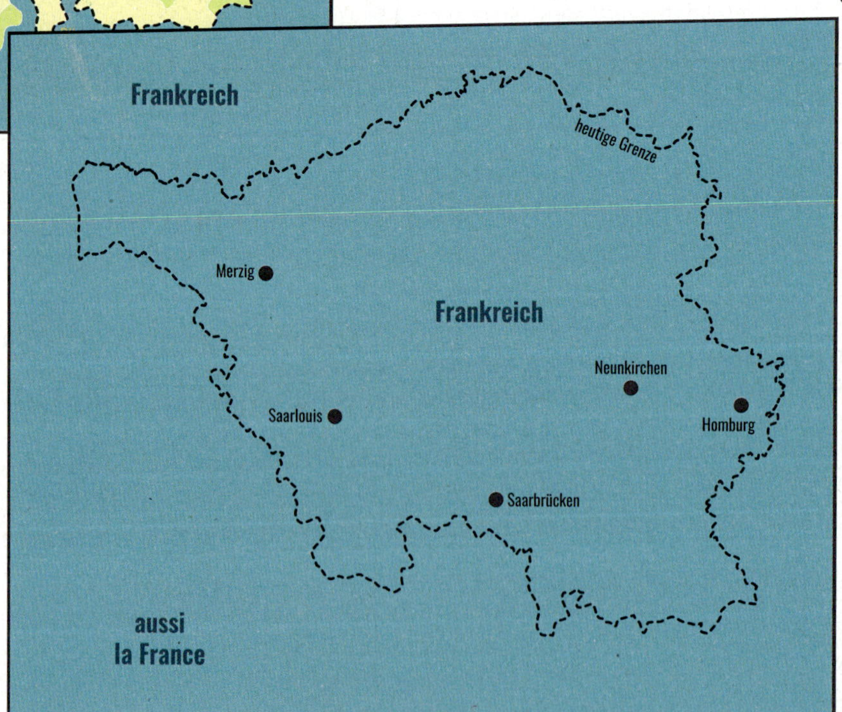

1794 bis 1814
Während der Französischen Revolution und unter Napoleon werden die Gebiete erobert und gehören als Teil des französischen Saardépartements zur Ersten Französischen Republik beziehungsweise zum Ersten Kaiserreich.

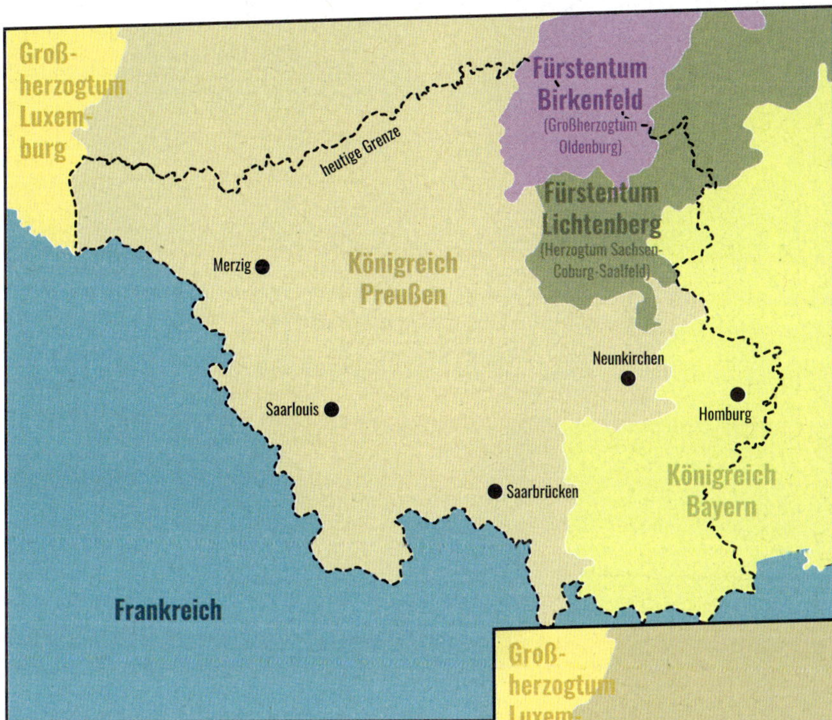

Nach 1815
Nach dem Zurückdrängen Napoleons, seiner endgültigen Niederlage und dem daraufhin stattfindenden Wiener Kongress geht ein Großteil des heutigen Saarlandes an Preußen.

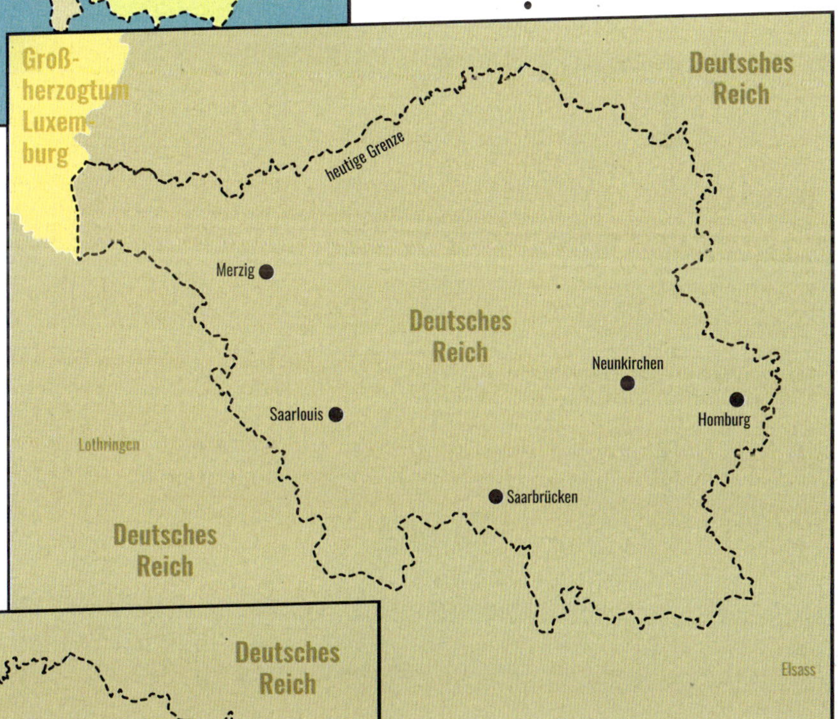

1871
Der von 1870 bis 1871 dauernde Deutsch-Französische Krieg zwischen Frankreich und dem Norddeutschen Bund (unter der Führung Preußens) führt zum Ende des Zweiten Französischen Kaiserreichs und zur Gründung des Deutschen Kaiserreichs. Das Deutsche Reich annektiert Elsass-Lothringen.

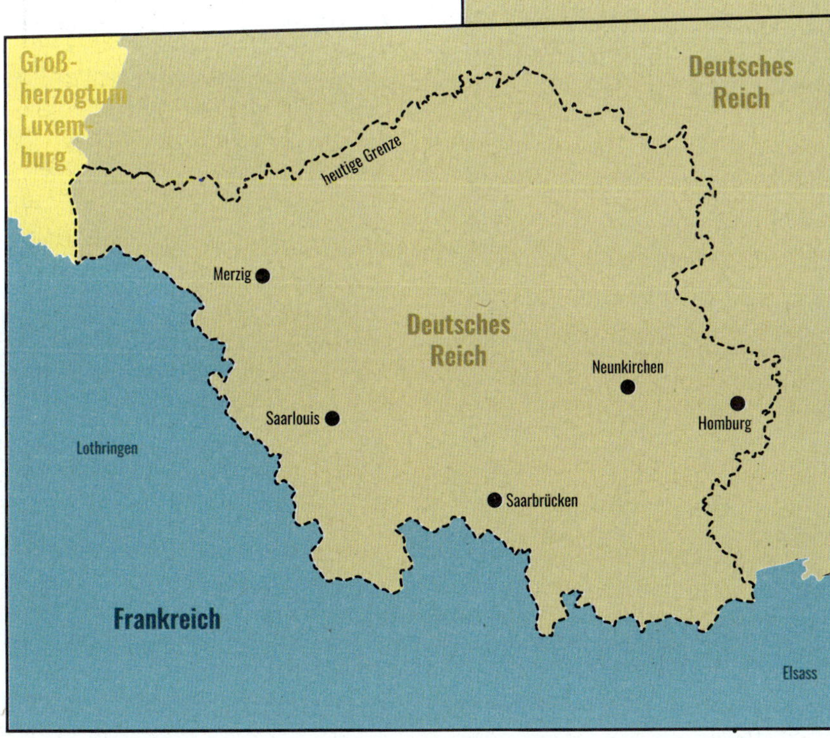

1918
Nach der Niederlage des Deutschen Reiches im Ersten Weltkrieg wird Elsass-Lothringen wieder französisch.

1920

Gemäß dem Versailler Vertrag, unterzeichnet am 28. Juni 1919, wird das Saargebiet unter die Verwaltung des Völkerbundes gestellt. Das ist der Vorläufer der Vereinten Nationen. Deutschland verpflichtet sich, das Saargebiet zu entmilitarisieren und die reichhaltigen Rohstoffvorkommen – vor allem Steinkohle – nicht mehr auszubeuten. Stattdessen erhält Frankreich die Rechte an den dortigen Zechen als Entschädigung für die im

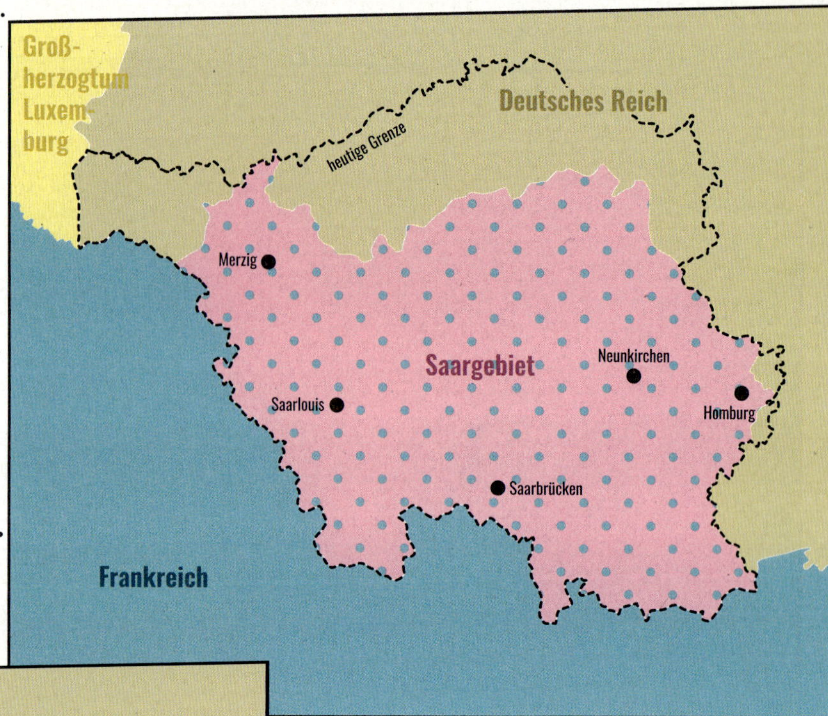

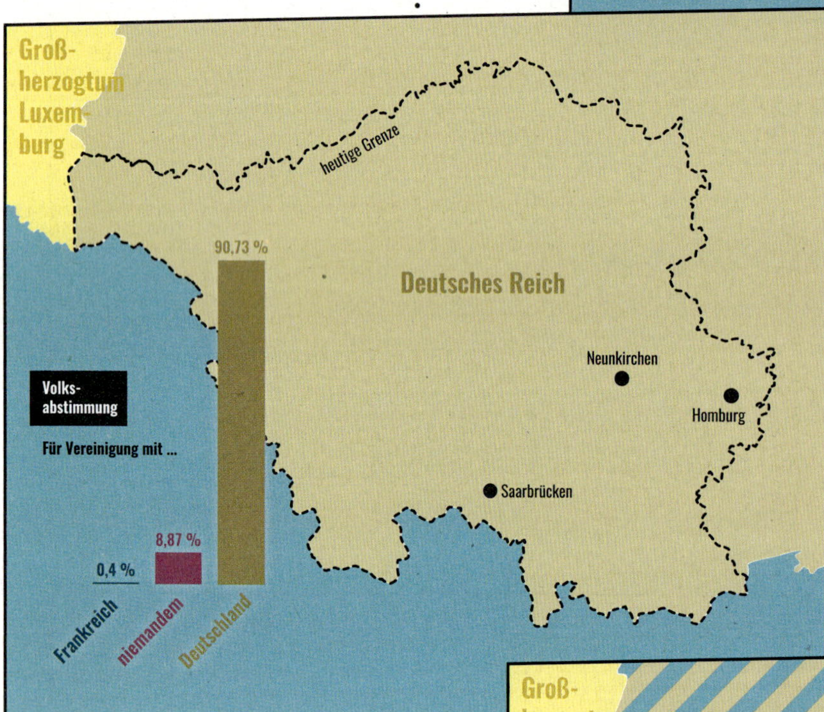

1935

Der Versailler Vertrag sieht außerdem vor, dass nach Ablauf von 15 Jahren, also 1935, im Saargebiet eine Volksabstimmung abgehalten werden soll, um zu entscheiden, ob die Region zu Fraankreich gehören, wieder Teil Deutschlands werden oder unter der Verwaltung des Völkerbunds bleiben soll. Im Vorfeld der Abstimmung fahren rechte Parteien unter der Führung der NSDAP eine Propagandakampagne, um eine hohe Stimmenzahl für die Rückkehr zu Deutschland zu erwirken. Und tatsächlich votieren knapp 91 Prozent der rund 540.000 Stimmberechtigten für eine Angliederung an das Deutsche Reich.

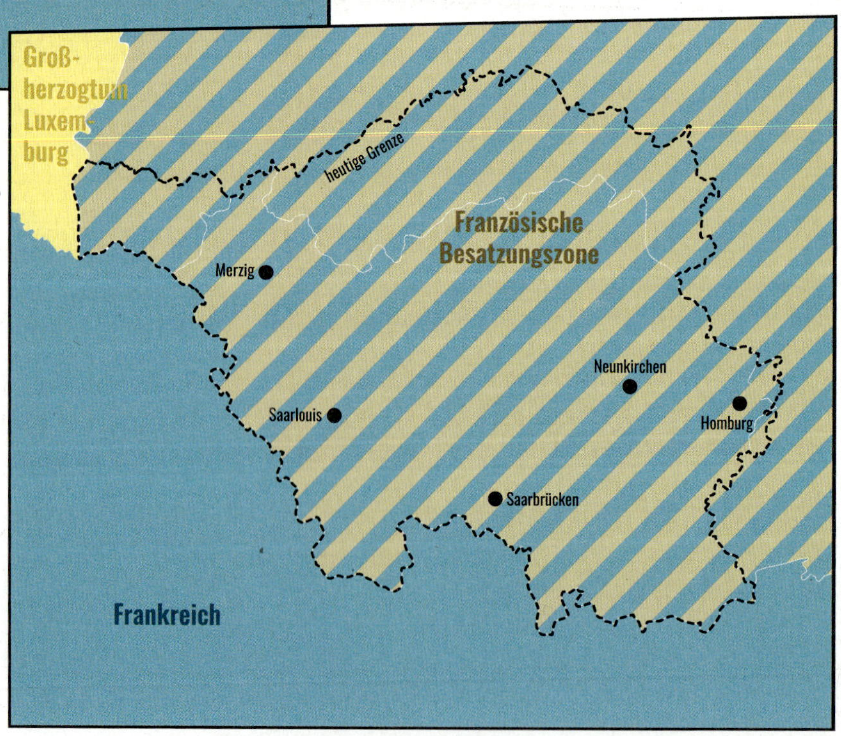

1945

Nach dem Zweiten Weltkrieg kommt das Saarland unter französische Militärverwaltung.

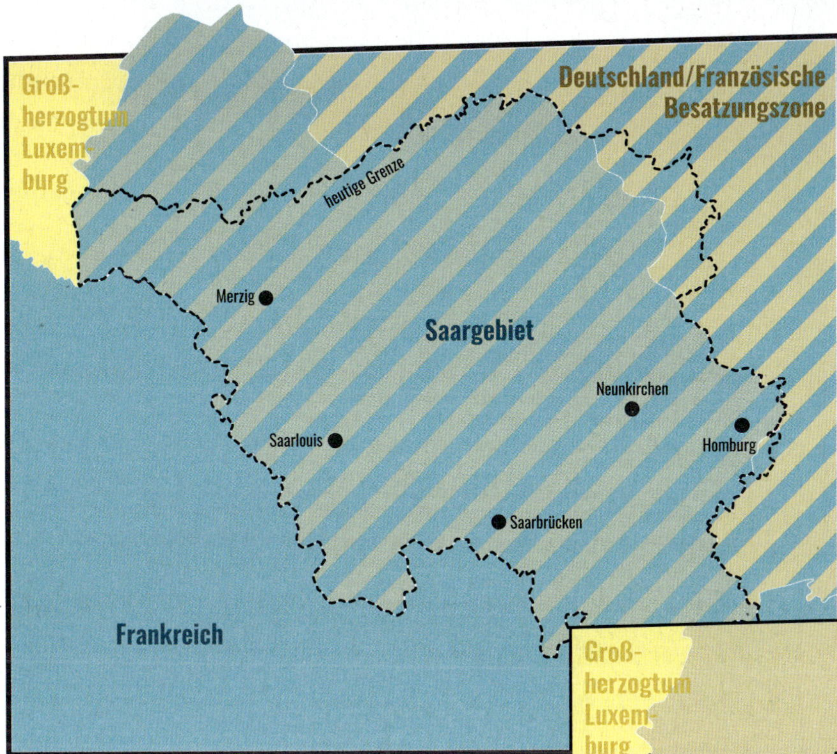

1946

Frankreich will das für die Kohle- und Stahlindustrie bedeutsame Saarland wirtschaftlich und währungspolitisch enger sich binden. Zunächst wird gar eine Annexion und die Vertreibung der Bevölkerung in Betracht gezogen. Eine solche Aneignung lassen die Amerikaner und Briten jedoch nicht zu. Stattdessen stellt Frankreich Anfang 1946 die saarländischen Zechen unter Zwangsverwaltung, vergrößert das Saargebiet und trennt es Ende des Jahres durch eine Zollgrenze von der übrigen Besatzungszone.

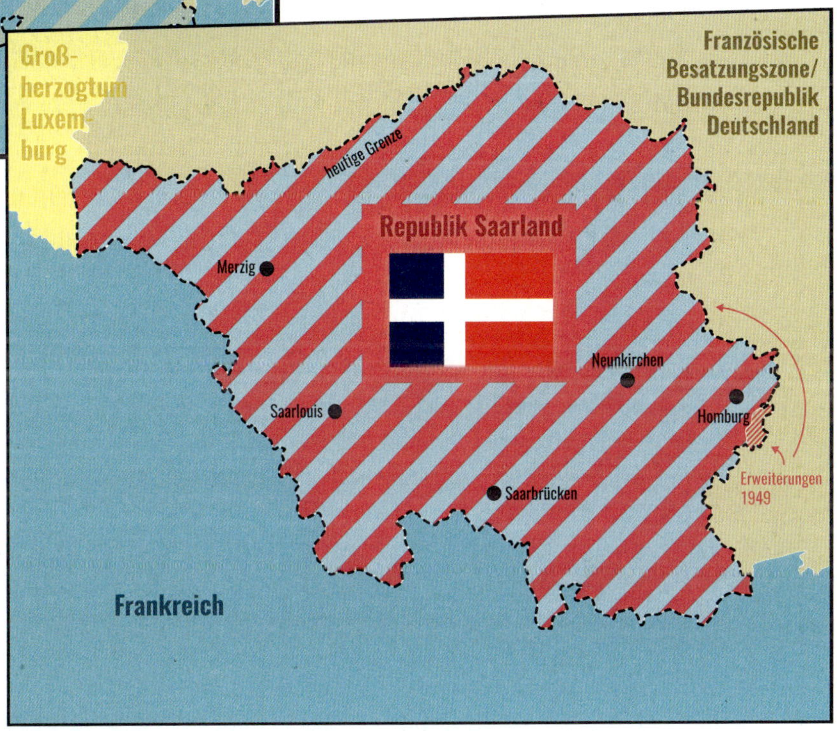

1947 bis 1956

Am 17. Dezember 1947 erhält das Saarland seine Verfassung: Es wird ein eigener Staat. Teilautonom zwar und unter französischem Protektorat und mit französischer Währung. Aber mit eigener Regierung, eigener Staatsbürgerschaft, eigener Flagge und eigener Hymne. Bei seiner Gründung besitzt es noch nicht seine heutige Größe. Erst 1949 kommen die Gemeinde Kirrberg bei Homburg und ein kleines Gebiet bei Dunzweiler hinzu.

Die Republik Saarland hat sogar eine eigene Fußballnationalmannschaft. Diese ist Mitglied der Fifa und absolviert einige Länderspiele – darunter auch zwei gegen die Bundesrepublik Deutschland bei der WM-Qualifikation 1953/54.

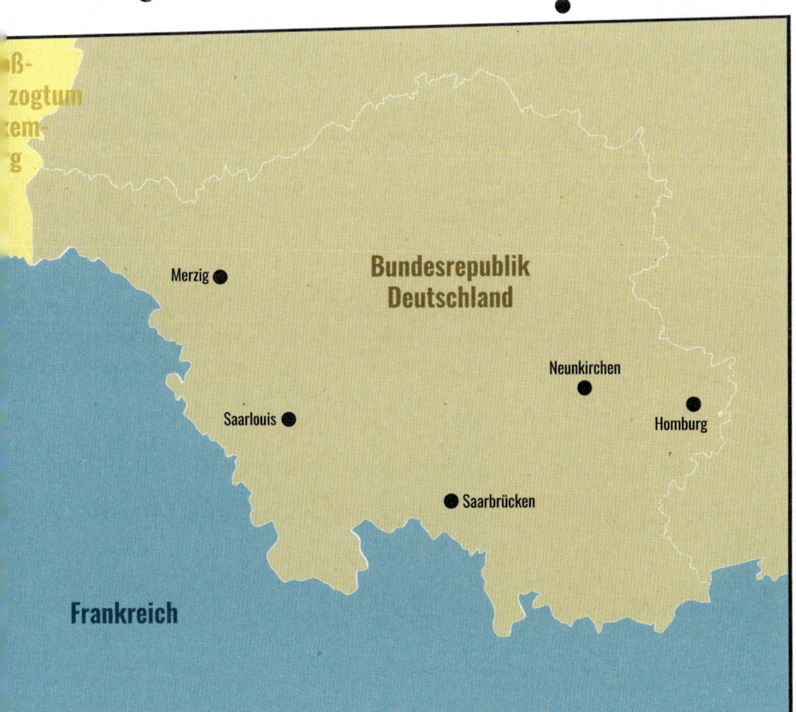

Seit 1957

Der kleine Staat erfährt einen wirtschaftlichen Aufschwung – gleichzeitig gibt es aber weder Parteien noch Presse- oder Meinungsfreiheit. Zudem belastet der Status des Saarlandes das deutsch-französische Verhältnis. Im Rahmen der Pariser Verträge *(Zweites Saarstatut)* von 1954 einigen sich Deutschland und Frankreich deshalb auf eine Europäisierung des Saarlands, also ein Land unter der Verwaltung der Westeuropäischen Union, des Vorgängers der EU. Voraussetzung: Die Saarländerinnen und Saarländer machen mit. 1955 gibt es also eine erneute Volksabstimmung über die Zugehörigkeit des Saarlandes. Ergebnis: 67,7 Prozent stimmen gegen das Statut, bei einer Wahlbeteiligung 97,5 Prozent. Dieser Fall ist in den Pariser Verträgen nicht vorgesehen. Die demokratischen Parteien des Saarlands fordern daraufhin eine Eingliederung in die Bundesrepublik. Frankreich akzeptiert, verlangt dafür jedoch wirtschaftliche Garantien und Kompensationen. Der Luxemburger Vertrag von 1956 regelt schließlich den Anschluss des Saarlandes an die Bundesrepublik zum 1. Januar 1957.

STUDIE

Unter Populisten geht's bergab

Studie: „Populist Leaders and the Economy" von Manuel Funke, Moritz Schularick und Christoph Trebesch (Dezember 2023)

Kurz: Wo Populisten an die Macht kommen, leiden Wirtschaft und politische Institutionen langfristig. Und: Die Geschichte zeigt, dass diese Gefahr wiederkehrend ist.

Stimmenanteile der AfD von über 30 Prozent in zwei Bundesländern bestätigen: Eine rechtsextreme Partei gelangt in Deutschland erstmals seit dem Jahr 1933 wieder in Machtpositionen. Auch wenn sie im September 2024 ohne Chance auf eine Regierungsbeteiligung ist, kann die AfD bereits aus der Opposition heraus auf politische Prozesse einwirken.

Die Partei verfolgt mehr oder minder offen die zwölf Schritte aus dem „autokratischen Strategiebuch" des US-amerikanischen Politikwissenschaftlers Larry Diamond: Nicht durch Umsturz, sondern mithilfe demokratischer Legitimation haben Populisten wie Recep Tayyip Erdoğan erfolgreich Demokratien nach ihren Vorstellungen zu Autokratien umgebaut, in denen sie ihre Macht mit immer rigoroseren Maßnahmen festigten. Wie tief eine regierende AfD in das System eingreifen würde, schreibt sie selbst in den Wahlprogrammen der Landesverbände. Mit Wahlrechtsänderungen, einer Finanzpolitik für Reiche, der Schwächung des öffentlich-rechtlichen Rundfunks und einer völkisch-nationalen Familien- und Bildungspolitik plant die Partei schwere Eingriffe in Politik und Gesellschaft. Viele davon sind nach geltendem Recht gar nicht umsetzbar. Die Konsequenzen blauer Entscheidungsgewalt sind dennoch schwer abzusehen.

Mit welchen wirtschaftlichen, politischen und sozialen Folgen ist nach der Machtergreifung durch Populisten für die betreffenden Länder zu rechnen? Das haben die Autoren der Langzeitstudie *Populist Leaders and the Economy* anhand historischer Daten aus 120 Jahren weltweit untersucht.

Die Ergebnisse belegen, dass die Wirtschaftsleistung nachhaltig gelitten hat, nachdem Demagogen gewählt wurden. Das Bruttoinlandsprodukt der untersuchten 28 Staaten sank messbar ab und erholte sich im Vergleich zur globalen Wirtschaftsentwicklung innerhalb von 15 Jahren nur langsam. Demokratien wurden in der Geschichte unter populistischen Herrschern stets instabiler, vor allem durch Angriffe auf ihre Eckpfeiler wie freie Medien, freie Wahlen und unabhängige Gerichte.

Was die Forscher auch zeigen konnten: Populismus ist gekommen, um zu bleiben. Denn in der Regel fanden sich in den untersuchten Ländern wiederkehrende Muster. In Deutschland hält die Phase ohne Populisten an der Macht seit nunmehr 79 Jahren.

Studiendesign

Stil	Qualitativ
Dauer	Längsschnitt
Erhebung	vorhandene Daten
Veröffentlichung	Fachzeitschrift

Wirtschaftsentwicklung unter Populisten

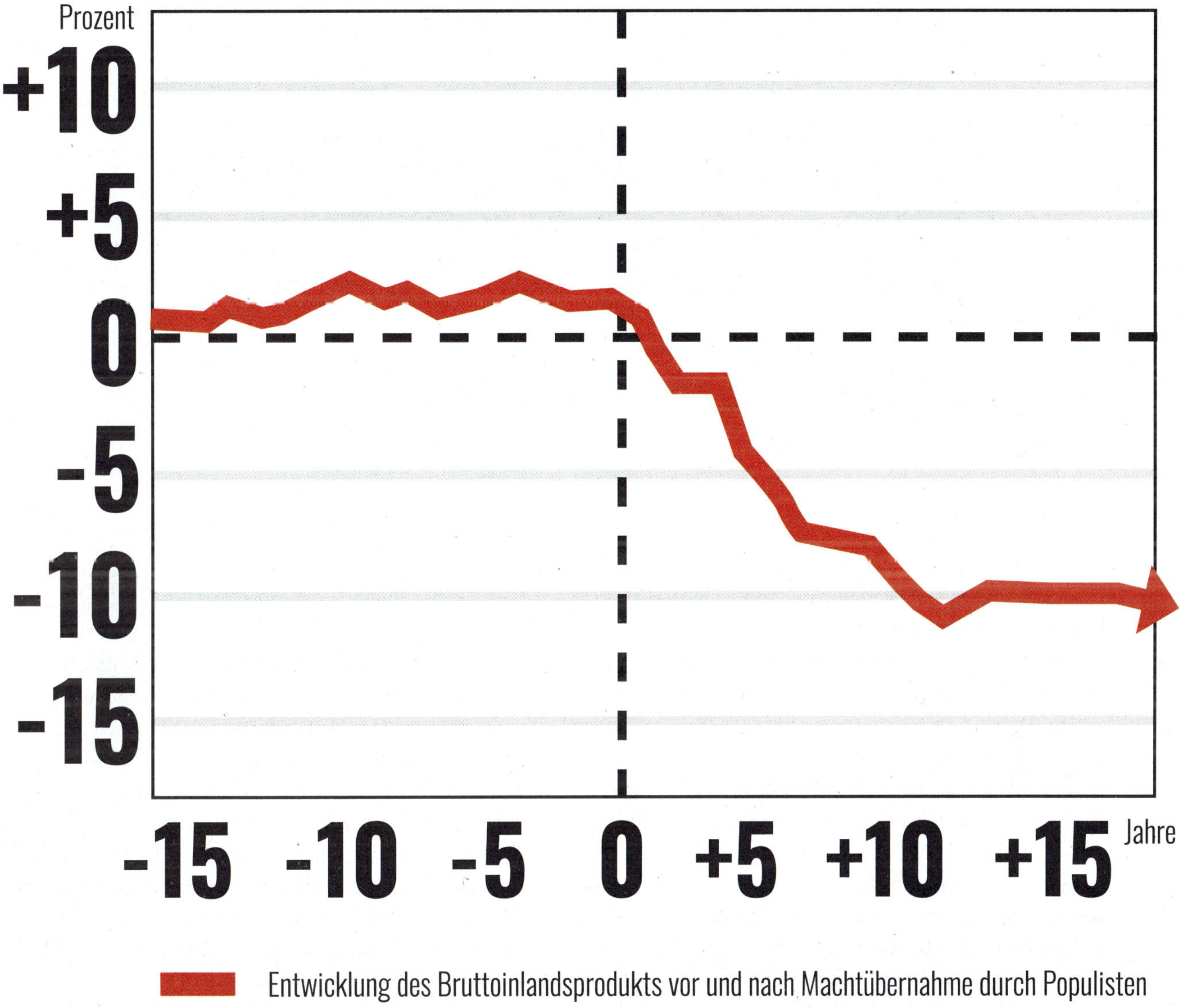

ZEBRAS SEHEN FAST **360°** – BESSER ALS DIE MEISTEN SÄUGETIERE

DIE STREIFEN DIENEN NICHT NUR ZUR TARNUNG, SONDERN AUCH ALS NATÜRLICHER **SCHUTZ**

FUN FACTS:

1 KEIN ZEBRA SIEHT AUS WIE DAS ANDERE – JEDES HAT EIN EINZIGARTIGES STREIFENMUSTER!

2 FORSCHER VERMUTEN, DASS DIE STREIFEN AUCH DAZU DIENEN, RIVALEN ZU VERWIRREN – PERFEKTE TARNUNG FÜR DIE SAVANNE!

3 DIE ZEBRASTREIFEN DIENEN DER MÜCKENABWEHR. DAMIT WÄREN SIE DIE STYLISCHSTEN INSEKTENSPRAYS DER NATUR.

SIE KÖNNEN BIS ZU **65 KM/H** SCHNELL LAUFEN

ZEBRASTREIFEN: BITTE NICHT DARÜBERLAUFEN!

ZEBRAS KOMMEN URPSRÜNGLICH AUS

AFRIKA

AM WEITESTEN VERBREITET IST DAS STEPPENZEBRA – VOM SÜDLICHEN SUDAN, ÄTHIOPIEN BIS SÜDAFRIKA

Demos gegen Rechtsextremismus

Nach CORRECTIV-Geheimplan-Recherche, Januar bis März 2024

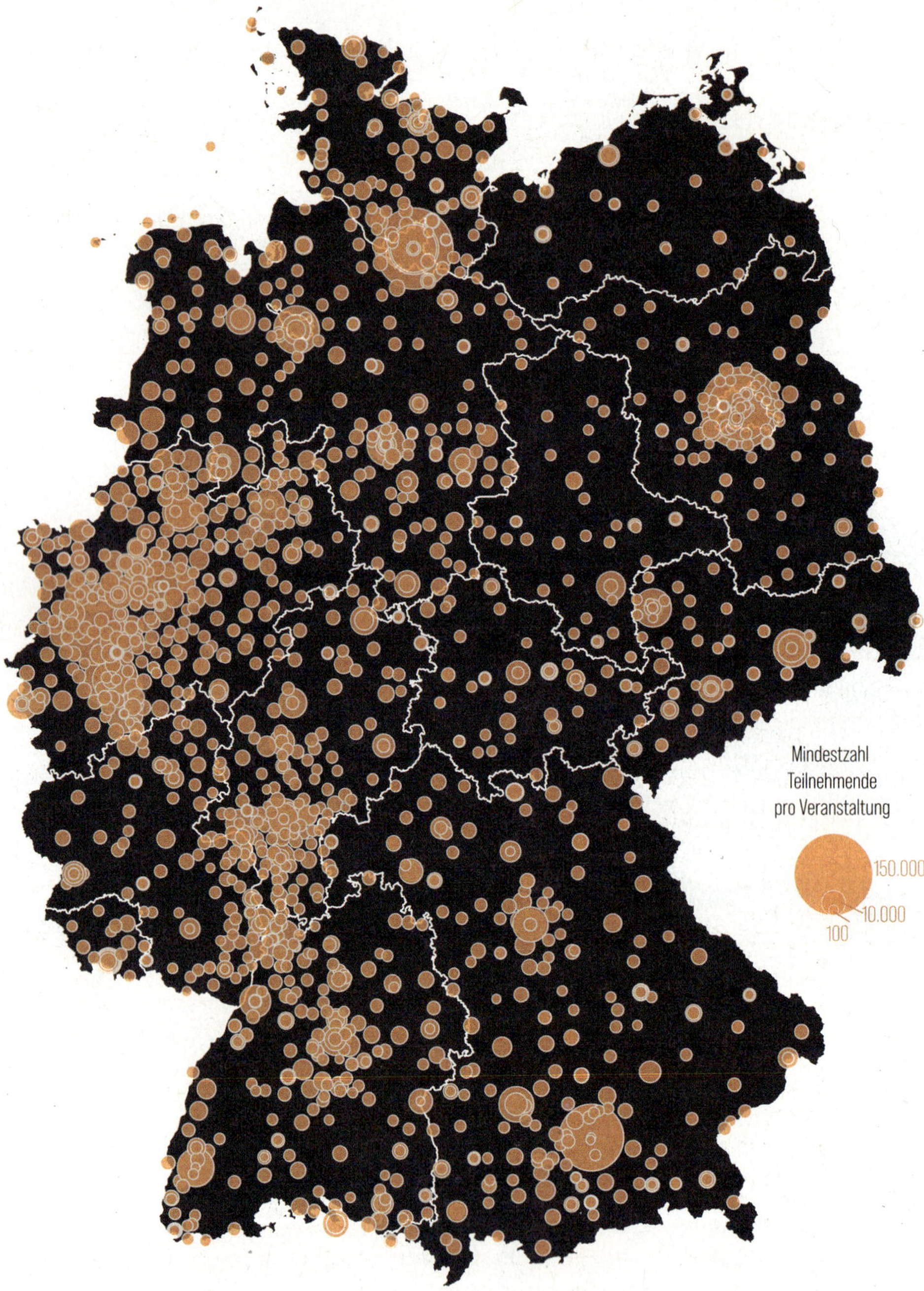

Eine Recherche von CORRECTIV deckte auf, dass Rechtsextremist Martin Sellner im November 2023 einen „Masterplan zur Remigration" auf einem Geheimtreffen in Potsdam vorstellte. Nicht nur Asylwerber:innen und Ausländer:innen mit Bleiberecht, sondern auch „nicht assimilierte" deutsche Staatsbürger sollten dem Plan zufolge ins Ausland deportiert werden. Anwesend bei dem Treffen waren unter anderem Mitglieder von AfD, CDU und der rechtsextremen Identitären Bewegung.

Infolge der Veröffentlichung im Januar 2024 kam es kam es zu einem Sturm der Entrüstung. Hunderttausende Menschen wollten das Erstarken rechter Kräfte nicht tatenlos

Protestierende pro 1.000 Einwohner:innen

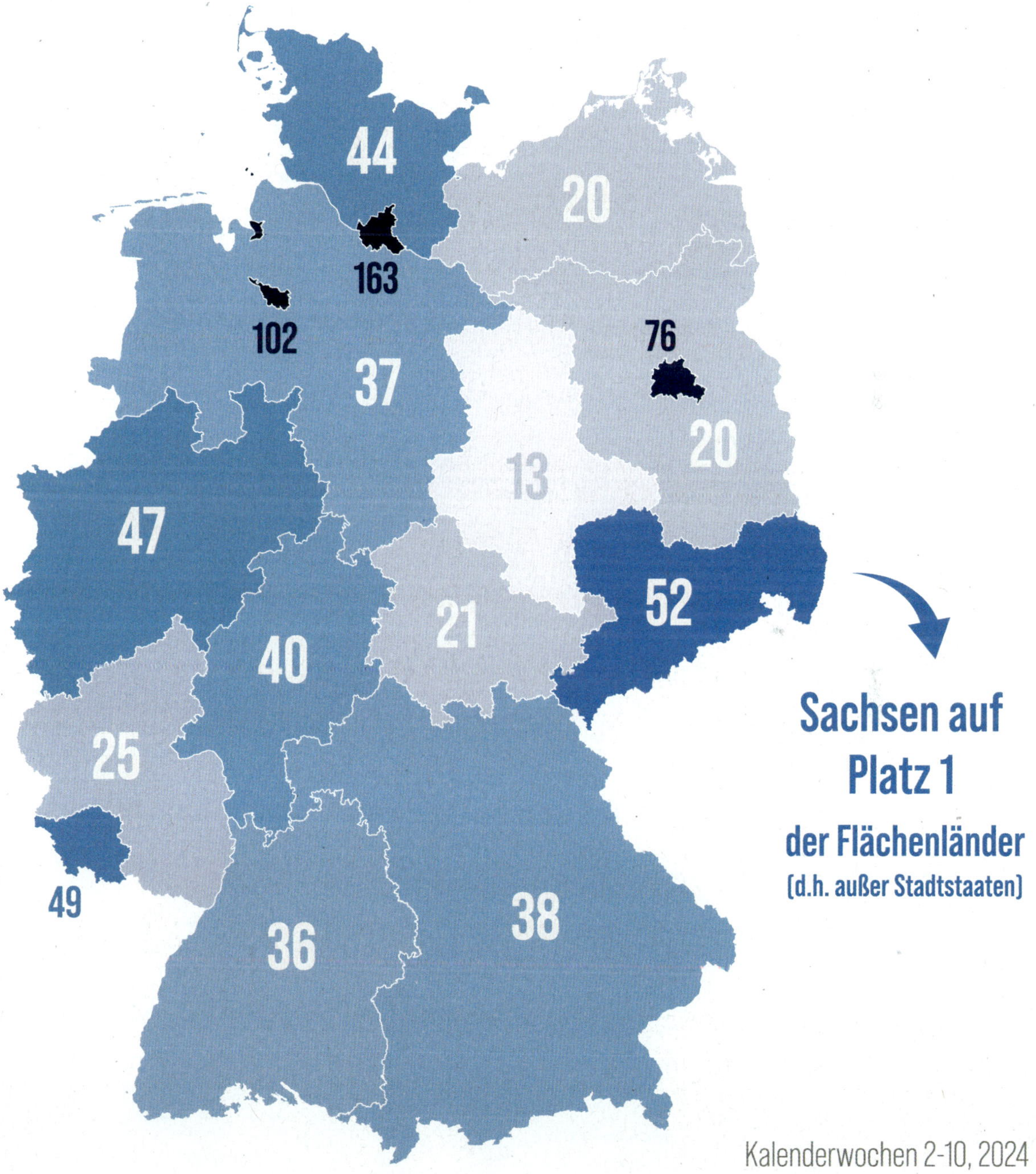

Kalenderwochen 2-10, 2024

hinnehmen und organisierten Demos in ganz Deutschland. Es handelte sich um eine der größten Protestbewegungen in der Geschichte Deutschlands.

Auch die ostdeutschen Bundesländer, in denen die AfD besonders erfolgreich ist, spielten eine zentrale Rolle. Das wird deutlich, wenn man die Zahl der Demonstrierenden ins Verhältnis zur Bevölkerungszahl setzt. Es zeigt sich: Die Menschen lassen sich auch in AfD-Hochburgen nicht einschüchtern, sondern setzen aktiv ein Zeichen für Demokratie und Toleranz.

IMPRESSUM

KATAPULT-MAGAZIN
Katapult-Magazin gGmbH,
Wilhelm-Holtz-Straße 9, 17489 Greifswald

REDAKTION & GRAFIK FÜR DIESE AUSGABE
Jonathan Dehn, Jasemin Uysal, Stefanie Malleier, Cornelia Schimek, Travis Sauer, Ella Daum, Anna Hansen, Jasemin Uysal, Stefanie Schuldt, Otto Ritter, Alexander Fürniß

LEKTORAT
Philipp Bauer, Tim Ehlers

LAYOUT
Tim Ehlers, Burak Başkaya, Benjamin Fredrich

ABOSERVICE
Jonas Bauten, Jasemin Uysal, Stefanie Schuld
+49 176 56 99 89 44 (Mo-Fr 9-16 Uhr),
abo@katapult-magazin.de

AUFLAGE
100.000

DRUCK
Westermann DRUCK | pva

VERTRIEB
IPS Pressevertrieb GmbH

GESCHÄFTSFÜHRUNG
Nasrin Morgan, verantwortlich gemäß §18 Abs. 2 MStV

HERAUSGEBER
Benjamin Fredrich

ISBN 978-3-948923-67-9
ISSN 2509-3053

PRAKTIKER
Nataliia Dziuba, Lutz Fredrich, Andreas Portugal, Sergey Shykolai

ORGATEAM
Mike Kurth, Diana Kasten, Jan Dirk Spijker

PROGRAMMIERUNG & IT
Jan Erikson, Dirk Reske

KATAPULT MV
Philipp Bauer, Louise Blöß, Charlene Krüger, Patrick Hinz, Martje Rust, Lilly Biedermann, Victoria Flägel

KATAPULT-BUCHVERLAG
Sebastian Wolter, Felix Lange, Kristin Gora

GEOPOLITIK-MAGAZIN PULTU
Fabian Sommavilla, Mascha Shykolai, Travis Sauer

KATAPULT-BUCHHANDEL CHEMNITZ
Zietenstr 32, 09130 Chemnitz

Quellen zu den Karten und Grafiken

- Cover: feuerwehrverband.de
- Bisher wurden etwa 2,1 Millionen Arten beschrieben (Stand 2022), davon sind ... (S. 12); ... un
- d davon vom Aussterben bedroht sind (S. 12): ourworldindata.org; iucnredlist.org.
- Hauptursachen des Insektenrückgangs (S. 12): Heinrich-Böll-Stiftung; BUND; Le Monde Diplomatique (Hg.): Insektenatlas 2020, 2. Aufl., Berlin 2020, S. 15.
- Länder, in denen der Bücherskorpion nachgewiesen wurde (S. 13): https://gbif.org.
- Weltweite Produktion von grafischen Papieren und anderen Papieren und Pappen (S. 14); Länder mit der höchsten Papier- und Pappproduktion 2022 (S. 15): fao.org.
- Britische Orte, Grafschaften und Verwaltungsbezirke, die eine kohlenstoffarme oder ethische Werbepolitik eingeführt haben (S. 17): Policy and Sustainability Committee, Edinbur gh (Hg.): Policy on advertising and sponsorship: proposed amendments, 28.5.2024, auf: democracy.edinburgh.gov.uk.
- Trockne Zahlen (S. 18): verfassungsschutz.de; destatis.de; Deutscher Feuerwehrverband (Hg.).
- Einwohner pro Feuerwehrkraft (S. 19): ctif.org.
- Hauptamtliche und freiwillige Feuerwehrleute in Europa (S. 20/21): ebd.
- Anzahl der freiwilligen Feuerwehrleute in den USA / Anzahl der Einsätze (S. 22): Becker, Sam: The dire shortage of volunteer firefighters in the US, auf: bbc.com.
- Frauenanteil bei der Feuerwehr (S. 23): ctif.org.
- Waldbrände in Europa (S. 24/25): firms.modaps.eosdis.nasa.gov, abgerufene Daten für 1.1.2024 bis 11.9.2024.
- Pegelstände in Brunnen (S. 28/29): Chávez García Silva, Rafael u.a.: Multi-decadal groundwater observations reveal surprisingly stable levels in southwestern Europe, in: Commun Earth Environ 5(387), 2024.
- Olympische Gastgeberländer (S. 30/31): architectureofthegames.net.
- Die Ostsee vs. DER Cottbuser Ostsee (S. 32/33): bez-cottbus.dlrg.de; cottbuser-ostsee.de; io-warnemuende.de; leag.de.
- Länder, in denen im Nationalparlament Gewalt ausgebrochen ist und »Kampfmethode« (S. 36/37): Gandrud, Christopher: Two sword lengths apart: Credible commitment problems and physical violence in democratic national legislatures, in: Journal of Peace Research 53(1): 130-145; eigene Recherche.
- Grund der Auseinandersetzung (S. 38): eigene Recherche/Berechnung.
- Centralia (S. 42): centraliapa.org; data.census.gov.
- Trockne Zahlen (S. 51): Instagram.
- Vegetationszonen Afrikas (S. 52): Baumhauer, Roland: Die Physische Geographie Afrikas, Heidelberg 2023.
- Kippelemente (S. 52/53): pik-potsdam.de.
- Rechtliche Lage von Kinderehen (S. 54/55): ourworldindata.org.
- Trockne Zahlen (S. 58): adac.de.
- Feuerstrahlungsleistung (FRP) 1.1.2020 bis 17.9.2024 (S. 59): firms.modaps.eosdis.nasa.gov, abgerufene Daten für 01.01.2020 bis 17.09.2024.
- Waldbrände in Deutschland (S. 60/61): bmel-statistik.de.
- Tatverdächtige Brandstiftung und Herbeiführen einer Brandgefahr (S. 63): bka.de.
- Brandstiftung und Herbeiführen einer Brandgefahr in Deutschland (S. 64/65): ebd.
- Durchschnittliche Pendeldistanzen vom Wohnort zum Arbeitsplatz (S. 68): Bundesagentur für Arbeit (Hg.): Ein- und Auspendler auf Gemeindeebene 2023, auf: statistik.arbeitsagentur.de; bbsr.bund.de.
- Pendlerstädte (S. 69): ebd.
- Die beliebtesten Verkehrsmittel für den Arbeitsweg (S. 70): Pendeln in Deutschland: Mit dem Auto zur Arbeit, auf: allianzdirect.de.
- Trockne Zahlen (S. 73): adac.de.
- Mitglieder der Feuerwehren zum 31. Dezember (S. 74); Anzahl der Feuerwehren (S. 75): feuerwehrverband.de.
- Was Feuerwehrleute erlebt haben (S. 76): ebd.
- Bevölkerungsdichte Europa (S. 78/79): human-settlement.emergency.copernicus.eu; eigene Berechnung.
- Wegzüge / Zuzüge (S. 80/81, 83): destatis.de.
- Steigerung der Wirtschaftskraft seit 1991 (S. 84): ebd.
- Geschichte des Saarlands (S. 86-89): bpb.de; rheinische-geschichte.lvr.de; saarland.de.
- Wirtschaftsentwicklung unter Populisten (S. 91): Funke, Manuel; Schularick, Moritz; Trebesch, Christoph: Populist Leaders and the Economy, in: American Economic Review 113(2): 3249-3288.